MARC FOURNEL

LA

TUNISIE

x

LE CHRISTIANISME & L'ISLAM

DANS L'AFRIQUE SEPTENTRIONALE

PARIS

CHALLAMEL AINÉ, ÉDITEUR

LIBRAIRIE COLONIALE

5, rue Jacob, et rue Furstenberg, 2

1886

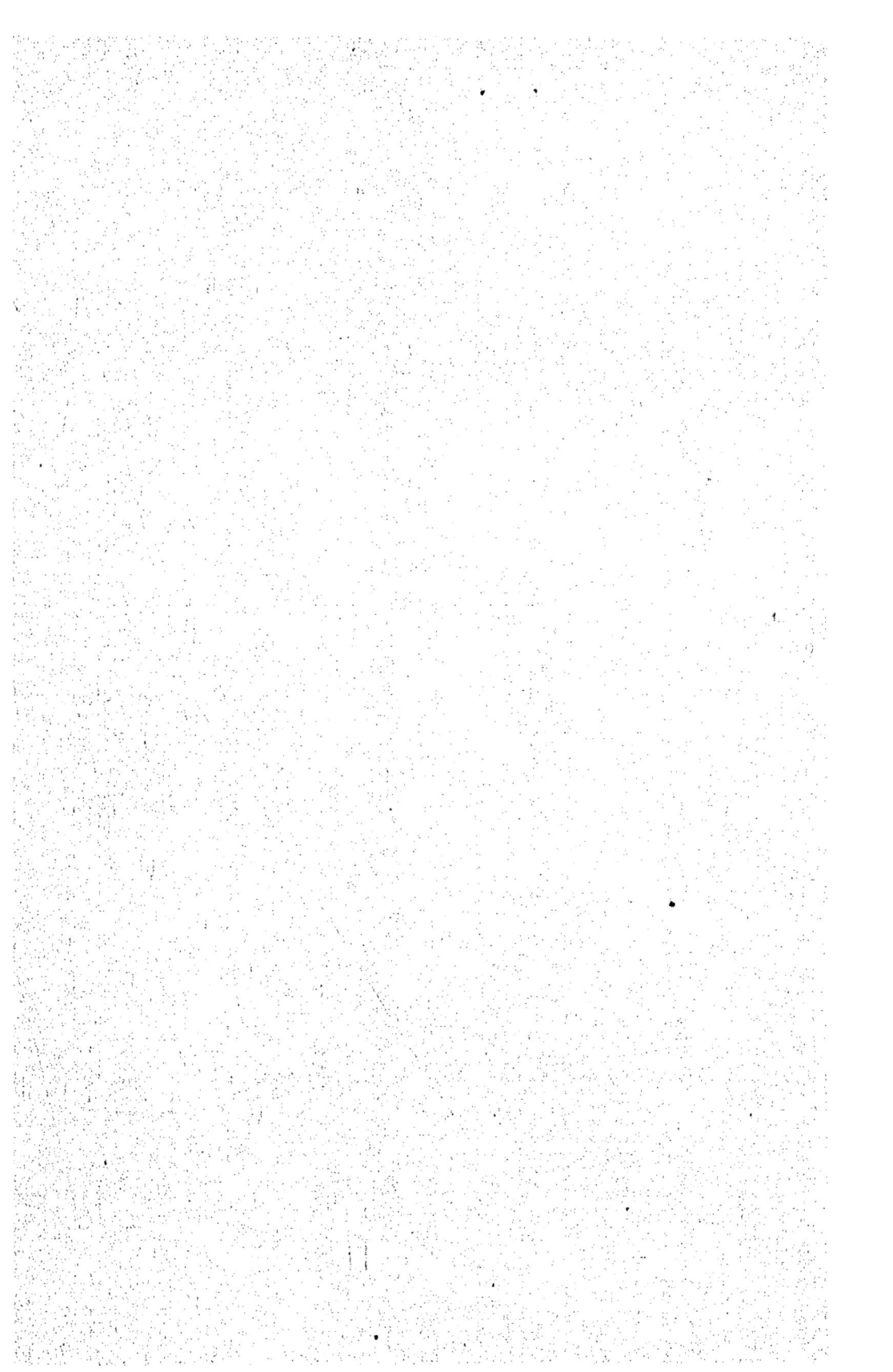

LA TUNISIE

MARC FOURNEL

LA
TUNISIE

×

LE CHRISTIANISME & L'ISLAM

DANS L'AFRIQUE SEPTENTRIONALE

PARIS

CHALLAMEL AINÉ, ÉDITEUR
LIBRAIRIE COLONIALE
5, rue Jacob, et rue Furstenberg, 2

1886

PREMIÈRE PARTIE

LA TUNISIE

CHAPITRE PREMIER

LA SITUATION AGRICOLE, INDUSTRIELLE ET COMMERCIALE

Bien que l'ancienne Régence de Tunis, aujourd'hui sous le protectorat français, ne soit guère qu'à cinquante heures de Marseille et limitrophe de nos possessions algériennes, il est peu de pays qui soit moins connu en France.

Bien peu de ceux-là même qui y sont allés en parlent franchement et d'une façon précise ; il est pour cela différents motifs.

Les uns, se plaçant à un point de vue purement politique, n'envisagent l'occupation que comme un acte politique et ne voient naturellement le pays, ses habitants et son avenir qu'à travers le prisme de leurs opinions particulières.

D'autres n'ont visité la contrée qu'en touristes, sans l'étudier sérieusement, et n'en ont rapporté que des impressions qui, tout en visant à l'effet, n'atteignent même pas le pittoresque.

Quelques-uns ont tenté des aventures de commerce, d'industrie ou même de colonisation. Ils n'ont pas réussi, la plupart du temps, faute d'avoir su d'avance à quelles difficultés ils allaient se heurter, et ils sont revenus disant que la Tunisie était inhabitable et qu'on ne pouvait rien y organiser.

Enfin quelques spéculateurs ont cherché à tenter les opérations classiques, toujours faciles quand il s'agit de pays peu connus. Pour vendre très cher des terrains achetés par eux très bon marché, ils ont présenté la Tunisie comme une sorte de terre promise, comme un pays d'une fertilité sans égale, où le sol rendait sans peine et sans travail des récoltes considérables. Ils ont profité des quelques succès obtenus par des colons sérieux pour faire croire qu'il n'y avait qu'à se baisser pour ramasser la fortune. Ils ont ainsi attiré un certain nombre de naïfs qui, bientôt déçus dans leurs folles espérances, sont allés grossir les rangs des désappointés et des dénigreurs.

La vérité est en dehors de toutes ces appréciations extrêmes. La Tunisie est un pays qui a été d'une richesse très grande et qui pourra redevenir aussi fertile que dans l'antiquité. Il faut seulement, pour arriver à ce résultat, modifier l'administration politique et financière qui a été cause de la ruine de cette contrée et refaire en quelque sorte par des plantations d'arbres et quelques grands travaux d'aménagement des eaux, un climat qui n'a été modifié que par la mauvaise direction des gouvernants et, conséquence logique, l'incurie des gouvernés.

Quand il sera prouvé qu'en Tunisie on peut travailler pour soi et non pour le fisc ou, pour mieux dire, pour les agents du fisc, on verra ce pays redevenir peu à peu aussi riche que le comportent la fertilité de son sol et la douceur de son climat.

En attendant, les Européens qui vont en Tunisie ont à éviter deux écueils principaux : le premier, de vouloir acquérir des propriétés trop considérables ; le second, d'arriver sans capitaux suffisants. En outre, il ne faut pas qu'ils se figurent qu'en Afrique, plus qu'en France, on obtienne rien sans peine. Il faut, au contraire, donner l'exemple du travail, agir sans relâche et, avec de la patience, de la persévérance et surtout de l'esprit de justice, — ce qui manque peut-être le plus à nos colons français, — ils pourront être certains de trouver la juste rémunération de leurs peines. Ils arriveront à ce résultat peut-être un peu plus rapidement qu'en France, mais moins vite que ne l'ont dit les entrepreneurs de mirages.

Les capitaux Nous venons de parler de la question des capitaux, elle peut s'élucider en quelques lignes.

Le capital argent est assez rare en Tunisie. Presque entièrement concentré entre les mains des Juifs, il y a acquis une valeur locative considérable. Les placements hypothécaires de premier ordre y rapportent couramment de 10 à 12 pour cent. Dans l'intérieur, le loyer de l'argent est beaucoup plus élevé, et dans ce pays comme en Algérie, l'usure est certainement la pierre d'achoppement qui entrave le plus le succès de la colonisation. Une grande partie de la propriété est en ce moment entre les mains des Juifs de Tunis, et leurs malheureux débiteurs ont toutes les peines du monde à payer les énormes intérêts des sommes qu'ils ont empruntées.

Il est donc de toute nécessité pour le colon ou l'industriel français ou étranger qui viendra s'établir en Tunisie, d'apporter avec lui, non-seulement la somme nécessaire à un premier établissement, mais encore un capital suffisant pour parer à ses besoins pendant les années de tâtonnements et d'expériences. C'est là un point sur lequel on ne saurait trop insister.

Un autre côté de la colonisation, des détails duquel ne se rendent pas compte la plupart des gens qui songent à aller s'installer en Tunisie, c'est la question des travailleurs agricoles, et à ce propos il faut d'abord donner une idée exacte du caractère des habitants.

Le Tunisien n'a rien de commun avec les habitants de l'Algérie. Sans vouloir entrer dans des discussions ethnologiques qu'il serait trop long d'exposer, il nous suffira de dire que les habitants de la Tunisie ne sont ni des Arabes, ni des Africains d'origine. D'après le professeur Berlioux, ce pays aurait été à une époque très reculée, peuplé par une colonie européenne venue probablement du rivage septentrional de la Méditerranée. Sans discuter le bien fondé de cette appréciation que recommande la science profonde de son auteur, il est facile de constater que les caractères physiques et même moraux des Tunisiens n'ont rien de commun avec ceux des Arabes ou des Kabyles. Dans beaucoup d'endroits on rencontre des hommes blonds, aux yeux bleus, d'une taille et d'une corpulence qui ne rappellent en rien le Sémite.

Au point de vue moral, la différence n'est pas moins grande. Le Tunisien est infiniment plus doux, plus affable que l'Algérien. Au temps des corsaires barbaresques, les captifs étaient bien mieux traités en Tunisie qu'en Algérie et au Maroc. Beaucoup de ces captifs, convertis ou non à l'islamisme, ont eu des enfants dans le pays et leur race s'y est perpétuée, ce qui ajouterait une preuve de plus à l'exactitude de la théorie de M. Berlioux. On sait, en effet, que dans les pays où existe une race absolument autochthone, comme en Egypte, non-seulement les alliances entre Européens et indigènes restent stériles, mais encore le même phénomène se produit pour les mariages entre Européens contractés dans le pays. S'il se présente à cette règle quelques rares exceptions à une première génération; elle se confirme généralement à la seconde.

Etant donc donné que le caractère des habitants est plus doux, que leurs habitudes sont plus stables, se rapprochant davantage des nôtres, on comprendra que la colonisation en Tunisie n'a rien de commun avec ce qu'elle est en Algérie ou dans d'autres pays organisés de la même façon. Il n'est pas nécessaire d'y amener des bras étrangers, parce que ces indigènes de bon caractère, sont en même temps des travailleurs consciencieux et soumis. Pour peu qu'on observe rigoureusement vis-à-vis d'eux les engagements qu'on a pris, ils se conduisent convenablement et s'habituent même très vite au

maniement des outils européens et des machines
agricoles perfectionnées.

Bien plus, en ce qui concerne le travail industriel, on peut trouver chez eux de précieux auxiliaires. Un industriel de Tunis, M. Raymond
Valensi, adjoint au maire de la ville, ingénieur
de notre Ecole Centrale et certainement l'un des
hommes les plus éminents de ce pays, nous racontait que dans une fabrique de glace artifi-
cielle installée récemment par lui et qui fonctionne parfaitement bien, il n'employait comme
ouvriers que des indigènes et qu'il en était fort
satisfait.

Ce serait donc une erreur de procéder, comme
l'ontfait dans le début, certains colons européens
et d'éloigner de leurs propriétés les Tunisiens.
Ils auraient tout à y perdre et rien à y gagner.
Dans les grandes installations agricoles, les indigènes se louent volontiers pour les travaux, dans
les nombreux moments que leur laisse libres la
culture de leurs petits biens, et le prix de la
journée ne s'élève guère au-delà de 75 centimes
à 1 franc.

Une autre particularité de la Tunisie, particularité d'une importance capitale au point de vue
des travaux agricoles, c'est la situation topo-
graphique.

Ce pays n'a pas de routes et, au moins pendant la belle saison, on peut presque dire qu'il n'en a pas besoin. Son sol est plat et les ondulations qu'on y remarque sont si peu sensibles que, sauf au moment des pluies, où les communications sont partout interceptées, on peut circuler partout ou presque partout en voiture. Il suffira de dépenses très minimes pour organiser des voies de communication faciles et pratiques dès que le régime des eaux aura été modifié par des plantations d'arbres et aménagé par des barrages et la canalisation des *oued* ou ruisseaux. Ces derniers, en effet, sous l'influence des pluies, grossissent ou plutôt se forment en quelques heures. Là où vous avez passé le matin sans vous douter que vous traversiez le lit d'une rivière, vous vous trouvez le soir en présence d'un véritable torrent.

Les chemins de fer à voie étroite On comprend quel avenir est réserve dans ce pays aux petits chemins de fer à voie étroite. Comme il n'y a presque pas de travaux d'art à exécuter, leur établissement peut se faire dans les dernières limites du bon marché et grâce à eux les productions de l'intérieur pourront arriver à très bas prix soit dans les grands centres, soit à la côte.

Un de ces chemins de fer existe déjà et sert à franchir les 60 ou 70 kilomètres qui séparent Sousse de Kairouan. Etabli pour le service de l'armée, ce petit chemin de fer n'est mis que par faveur et dans des cas spéciaux à la disposition des civils, mais il n'en fonctionne pas moins avec la plus grande facilité. C'est un spectacle des plus curieux que celui que présente un de ces petits wagons ouvert sur les côtés, traîné au grand trot par deux chevaux du train et croisant en plein désert quelque caravane. Les Arabes courent voir passer la voiture, tandis que les chameaux se suivant à la file continuent d'un pas lent leur route, attrapant au passage quelque touffe d'alfa qu'ils mâchent lentement en faisant onduler leur grand cou jaunâtre.

Si le chemin de fer Decauville entre Sousse et Kairouan faisait un service régulier, il pourrait arriver à donner des revenus sérieux. On ne saurait se figurer, en effet, combien le Tunisien aime à se faire transporter. Il ne va à pied que quand il ne peut pas faire autrement, et il préfère de beaucoup se prélasser tranquillement sur les petits ânes microscopiques du pays que de se donner la peine de marcher.

A Tunis, il existe des omnibus qui sont toujours remplis d'indigènes, sans compter un nombre relativement considérable de voitures de place, vieux débris de la carrosserie européenne, qui mènent toute la journée des Tunisiens, à demi-couchés sur des coussins bourrés de plus de puces que de laine, où ils fument nonchalamment leur éternelle cigarette.

Puisque nous parlons des routes et de la circulation en Tunisie, il est un point sur lequel on doit insister tout particulièrement. C'est la sécurité absolue qui règne dans toute la Régence. On peut aller d'un bout à l'autre, sauf dans le sud, sans avoir besoin d'une autre arme que d'une canne pour se défendre contre les chiens arabes, tous plus ou moins *chacalisés*. Les quartiers arabes de Tunis présentent le plus bizarre et le plus complet enchevêtrement de ruelles qu'il soit possible d'imaginer ; y poursuivre quelqu'un serait impraticable pour un étranger et peut-être même difficile pour un habitant du pays ; en outre il y fait noir comme dans un four. Eh bien ! dans ce dédale qui paraît façonné à souhait pour les embuscades et les guet-apens il n'est peut-être jamais arrivé d'agression nocturne. Beaucoup d'Européens demeurent dans cette partie de la ville, plus élevée et partant plus saine que la nouvelle ville bâtie sur les bords de cet immense dépotoir qu'on appelle le lac de Tunis; eh bien ! aucun d'eux n'éprouve la moindre crainte à la pensée de traverser ce labyrinthe, et s'il y est jamais arrivé quelque aventure, le coupable a certainement été un de ces aventuriers européens comme il s'en trouve trop à Tunis aussi bien que dans toutes les villes des bords de la Méditerranée.

La sécurité des routes est tellement assurée qu'elle pousse non seulement les habitants, mais même encore les employés des administrations françaises à faire des choses que dans notre pays nous considérerions comme de véritables imprudence. Il arrive souvent à nos payeurs de faire seuls, avec un cocher arabe, dans une mauvaise carriole, des trajets de 60, 80, 150 kilomètres, emportant avec eux des sommes considérables. L'un d'eux qui venait de faire une course de ce genre nous la racontait un jour comme une chose absolument naturelle.

— Mais vous étiez armé ? lui dîmes-nous.

— Certainement, répondit-il, j'avais mon revolver, mais il n'était pas chargé.

Comme tout a une cause en ce bas monde, nous avons cherché celle de cette sécurité qui est de nature à faire envie à nos grandes villes de France. Nous avons parlé de la douceur naturelle des Tunisiens ; cette raison est sans doute bonne, mais il en est une seconde qui ne l'est pas moins. Cette seconde raison, c'est la justice beylicale. Cette justice est simple, économique et surtout d'une rapidité à nulle autre pareille.

Tous les samedis, le Bey se rend au palais du
Bardo, à quelque distance de Tunis, et là rend
publiquement la justice dans une grande et belle
salle dont l'accès est d'ailleurs ouvert à tout le
monde. Assis sur son trône, il écoute les plai-
deurs ou leurs conseils dans les affaires civiles,
les accusateurs, les accusés et leurs défenseurs
dans les affaires criminelles. Quand les parleurs
ont fini, le Bey dit quelques mots, fait un geste
et la sentence est rendue immédiatement, exé-
cutoire sans appel et sans sursis. Un homme peut
avoir commis un crime le jeudi, il a de grandes
chances d'être arrêté le lendemain, car il y a à
Tunis une police fort intelligente; il passera en
jugement le samedi à midi, et s'il est reconnu
coupable, il est certain d'être pendu à une heure.
On ne peut pas aller plus vite.

Il est bien regrettable que beaucoup de voleurs
opérant à côté ou même au-dessus de la justice
ne soient pas jugés aussi promptement : ce pays
deviendrait bien vite alors un petit paradis.

Le climat de la Tunisie est celui de l'Algérie
ou à peu près. Il serait beaucoup plus agréable
encore qu'il ne l'est, si le pays n'était pas presque absolument dépourvu d'arbres. Nous dirons
plus loin quelles sont les causes de cette absence
de végétation ; pour le moment, bornons-nous à
constater qu'elle a pour résultat des chaleurs

intenses et des sécheresses effroyables pendant l'été, alors que, dans l'intérieur surtout, les hivers sont souvent rigoureux.

Pour donner une idée des différences énormes de température que sont obligés de subir les résidents européens, qu'il nous suffise de rappeler qu'au mois de janvier 1885, à Kairouan, le thermomètre est descendu à sept degrés centigrades au-dessous de zéro. Quelques mois plus tard, au mois de juillet de la même année, on avait dans la même ville cinquante degrés au-dessus de zéro à l'ombre. La chaleur était telle que, malgré les combinaisons les plus ingénieuses, les médecins de l'hôpital militaire de Kairouan, débordés à ce moment par la fièvre typhoïde, ne pouvaient plus faire d'observations thermométriques sur leurs malades. L'élévation de la température dans les baraques les avaient rendues matériellement impossibles.

Une autre conséquence de l'absence d'arbres est que la Tunisie est soumise sans aucune espèce de pondération aux désagréments des deux saisons, sèche et pluvieuse. Pendant l'été, le manque total de pluies et d'ombrages dessèche les cours d'eau, tarit les sources, épuise les citernes. Vienne la saison des pluies, ou même quelques orages, les *oued* se gonflent, débordent, se répandent dans la campagne et font un lac de ce qui était la veille une plaine aride et sablonneuse. On peut deviner quelles sont les conséquences de ce régime sur la santé publique. Les fièvres pernicieuses, paludéennes et typhoïdes sont périodiques dans certains endroits et, grâce à une malpropreté qui dépasse l'imagination, y font des ravages épouvantables.

Et cependant, malgré ces immenses désagréments, le sol, partout où on a pu diriger, contenir et aménager les eaux, est d'une fertilité qui prouve que ce pays n'a pas cessé de mériter les éloges que les anciens lui accordaient. Ce n'est pas l'eau qui manque, d'ailleurs ; on la trouve presque partout à une faible profondeur; c'est le travail, c'est le capital, c'est surtout une bonne administration qui permette au premier de féconder le second et de faire d'un terrain aujourd'hui désolé ce qu'il devrait être : l'Australie de la France.

La culture de la vigne   Partout où la terre est cultivée, elle paie au centuple les efforts de ceux qui la travaillent. Depuis quelques années, la plupart des colons qui se sont dirigés sur la Tunisie ont eu particulièrement en vue la culture de la vigne. Ils ont pensé obtenir de la sorte un produit plus grandement et surtout plus promptement rémunérateur. Il est évident que, dans une certaine mesure, ils ont eu raison, mais ils se sont peut-

être cependant fait à cet égard certaines illusions.

D'abord, pour cultiver la vigne sur de vastes
étendues de terrain, c'est-à-dire industrielle-
ment, il faut des capitaux considérables et des
dépenses de défrichement, de plantation et
d'installation qui s'élèvent à des sommes que
bien peu d'individualités sont à même d'aventurer. Des sociétés se sont, nous le savons, fondées
dans ce but : elles disposent des ressources né-
cassires, mais on sait qu'une exploitation agricole dirigée administrativement, c'est-à-dire
uniquement par des employés à responsabilité
divisée et définie, ne peut jamais être comparée
à une propriété dirigée par le propriétaire
lui-même, qui conduit les travaux, les surveille,
et, ayant toute la responsabilité, trouve en
lui-même les ressources suffisantes pour faire
face sur l'heure aux difficultés imprévues. La
fable de *l'Alouette et ses petits* sera éternelle-
ment vraie et elle s'applique surtout aux exploitations agricoles. Ces grandes administrations
deviendront certainement plus tard de bonnes
affaires, mais elles arriveront moins vite au
succès que les exploitations de moindre importance, dirigées par des propriétaires sédentaires
et compétents.

Si nous fermons cette parenthèse pour en

revenir à la question de la vigne, nous dirons que bon nombre de colons se sont fait sur cette culture des illusions considérables. On leur avait persuadé qu'en Tunisie la vigne poussait infiniment plus vite qu'en France et qu'au bout de deux années, trois au plus, elle était en plein rapport. Dans la pratique, il a fallu en rabattre et beaucoup. La vigne pousse vite en Tunisie, c'est vrai, mais ce qu'elle gagne en vitesse elle le perd en force ou, pour parler un langage moins mécanique, le vin qu'elle produit hâtivement ne vaut pas grand'chose. Pour tirer de la vigne un parti sérieux, il faut savoir y mettre le temps et surtout la soigner avec la tendresse du vigneron du Beaujolais. Alors seulement on pourra arriver à de bons résultats.

Les produits agricoles

Mais ce n'est pas seulement la vigne qui peut donner de beaux produits en Tunisie. Les céréales, et en particulier le blé et l'orge, procurent des revenus considérables. Dans les environs des villes, la culture maraîchère donnerait dès à présent des bénéfices très grands. Quand les voies de communication, si faciles à établir, existeront, les primeurs fourniront un élément énorme à l'exportation. L'olivier deviendra une des richesses de ce pays lorsque les impôts qui pèsent sur lui ne feront pas de sa propagation une cause de ruine pour ceux qui voudraient l'essayer à présent. L'élève du bétail sera facile dans tous les endroits où on aura, par des irrigations faciles, permis la plantation des fourrages.

On nous a cité des colons qui avaient fait des fortunes en élevant des porcs dans les forêts de chênes nains qui se trouvent du côté de la fronière algérienne. En un mot, il n'est pas une des branches de l'agriculture qui ne puisse prospérer dans ce pays quand il aura recouvré les deux sources de sa vitalité : une bonne administration d'abord et quelques capitaux ensuite.

Nous avons constaté que si l'agriculture pouvait devenir prospère en Tunisie, elle n'y fonctionnait encore qu'à l'état presque rudimentaire. Si nous examinons la question de l'industrie, ce sera bien autre chose. Ici presque tout est à créer ou du moins à organiser.

Actuellement on peut dire que la production industrielle de ce pays est à peu près nulle. On peut voir dans les *souk* (bazars) de Tunis, un nombre assez considérable d'indigènes qui passant leurs journées à fabriquer ces affreuses pantoufles sans quartiers que portent les habitants du pays; d'autres tissent, préparent et confectionnent les étoffes avec lesquelles se font les vêtements, la *gandourah* nationale, les burnous et les haïks; d'autres vendent des *checchia* ou

L'industrie

2

calottes rouges ornées d'un vaste gland bleu qui
constituent la coiffure habituelle avec ou sans
turban, mais tout cela ne saurait passer pour une
production industrielle sérieuse. Il y a bien quelques orfèvres qui font en or et en argent des bijoux d'un goût douteux, moins portés aujour-
d'hui par les femmes du pays qu'achetés par les
étrangers en souvenir de leur passage, mais de
là à une véritable industrie, il y a loin.

Dans l'intérieur, on fabrique quelques tapis,
quelques couvertures; mais ces tissus qui ont
beaucoup diminué dans leur qualité à mesure que
leurs prix s'élevaient, depuis l'occupation française, ne peuvent pas passer pour des articles
d'exportation et sont même absolument supplan-
tés dans la consommation locale par les articles
bon marché importés d'Europe. Il résulte même
de ces innovations en matière de costume des
spectacles parfois assez originaux. Il nous est
arrivé de regarder avec stupéfaction une vieille
Tunisienne drapée dans deux ou trois serviettes-
éponges dont elle s'était fait un voile protecteur
contre les yeux indiscrets en même temps qu'une
enveloppe dans laquelle elle s'emmaillotait. Ce
mélange de mœurs arabes et de camelotte d'importation donne un cachet tout spécial aux villes
de la côte, mais les amateurs de couleur locale y
ont certainement beaucoup perdu.

Quelques Européens ont pourtant déjà cherché à organiser à Tunis diverses industries. Un Lyonnais y a importé le tissage et y a introduit quelques métiers à la Jacquard. Il en fonctionne déjà un certain nombre, mais ces essais sont encore à l'état embryonnaire ; il faudra bien des années avant que ce pays devienne industriel et cependant ses habitants peuvent fournir d'excellents ouvriers. Ils sont intelligents, patients, fort adroits et il est très intéressant d'observer par exemple un tisserand à Kairouan ou à Gafsa fabriquant ses couvertures et ses tapis au moyen d'un métier d'un primitif à faire reculer le plus intrépide des tisseurs lyonnais. On ne saurait trop admirer aussi la patience avec laquelle les orfèvres travaillent les métaux, accroupis à côté de leurs petites enclumes et se servant de leurs pieds avec une adresse que pourraient leur envier nos prétendus ancêtres, les anthropopithèques.

On vend aussi dans les bazars des selles, des brides, des harnachements en cuir plus ou moins ornementés; mais, sauf quelques pièces exceptionnelles qui atteignent des prix plus exceptionnels encore, il n'y a rien de curieux dans toutes ces productions.

Mais il est un genre d'industrie qui peut promptement s'acclimater en Tunisie et qui y est

L'industrie agricole

en voie d'accroissement sensible, nous voulons parler de celle qui a pour but la première transformation des produits du sol, telle que la fabrication de l'huile, celle des conserves de poissons, la minoterie, etc. Ces travaux peuvent se pratiquer avec profit en Tunisie et nous pouvons ajouter qu'ils s'y pratiquent déjà.

Autour de Tunis on signale en effet l'organisation de plusieurs moulins mus par la vapeur. A Sousse, le port le plus commerçant de la côte, à Mehdia, il y a des huileries qui tirent une huile de première qualité des magnifiques olives du pays, alors qu'avec les moyens primitifs employés jusqu'à ces derniers temps, on ne savait en extraire qu'un produit absolument impropre à l'alimentation européenne. A Sousse même il se monte une usine pour le traitement des grignons d'olives par le sulfure de carbone. De ce côté, l'élan est donné et il ne s'arrêtera pas.

Cette production en grand d'une huile comestible a donné ou va donner naissance à une autre industrie, celle de la conservation des sardines. Ces petits poissons sont en telle abondance, à de certaines époques dans le golfe de Gabès que les pêcheurs assurent que leurs embarcations se sont parfois littéralement échouées sur des bancs de sardines ne pouvant plus ni avancer ni reculer. De temps immémorial l'arrivée d'un de ces bancs est le signal d'une véritable récolte pour les habitants du pays. La plage s'étend si loin qu'on peut marcher dans la mer pendant plusieurs centaines de mètres. Nos gens se précipitent munis d'immenses couvertures, à la rencontre des sardines et les pêchent ainsi par monceaux. Une fois à terre, les petits poissons sont vidés ou à peu près, salés et séchés au soleil ; on en remplit ensuite des sacs que des caravanes portent dans le Sud où les habitants qui en sont très friands les troquent contre des dattes.

Nous disons troquent, parce que le commerce, Les échanges dans le sud de la Tunisie et dans l'intérieur de l'Afrique, ne se fait guère que par voie d'échange. Il n'a pas été possible d'y acclimater encore l'usage de la monnaie et tant que les communications resteront ce qu'elles sont aujourd'hui, il ne saurait en être autrement.

Bien plus, non seulement le commerce ne se fait que par voie d'échange, mais encore ces échanges sont réglementés par l'usage. Telle caravane qui part à une époque déterminée a coutume d'emporter du blé et de l'orge. Il sera impossible de lui persuader d'emporter d'autres marchandises. A plusieurs reprises nos colonnes en expédition se trouvant à court d'orge pour les chevaux rencontrèrent des caravanes chargées de grains se dirigeant vers le Sahel. Nos officiers firent de vains efforts pour obtenir des conducteurs qu'ils leur cédassent, même à de très hauts prix, une portion de leur pacotille. « Si nous n'apportons pas de l'orge, répondaient-ils, on ne voudrait pas nous donner des dattes », et il fallut bien subir la tyrannie de l'usage, usage imposé d'ailleurs par la nécessité.

Le commerce Au point de vue commercial, la Tunisie offre moins de ressources aux Européens qu'au point de vue agricole ou même industriel.

Les importations D'abord il n'y a pas de commerce productif en ce pays que l'achat et l'exportation des productions naturelles. Pour ce qui concerne le commerce d'importation, il a peu de chances de réussir actuellement, pour trois motifs : le premier est l'élévation des droits de douane, le second est que les habitants n'ont pas encore pris l'habitude de nos produits au point d'en éprouver le besoin, le troisième enfin est que les populations sont trop pauvres pour constituer un marché suffisant. Tout cela peut changer un jour, mais tant que les choses resteront dans l'état actuel, la réunion de ces trois motifs suffira sans qu'il soit nécessaire d'insister pour mettre un empêchement aux transactions.

Les exportations Quant au commerce d'exportation des produits indigènes, il est à peu près interdit aux Européens autrement que par une participation comme capitalistes aux affaires des maisons déjà existantes. Le principal motif de cette interdiction est l'obligation absolue de connaître à fond la langue du pays pour traiter directement avec le producteur, soit qu'on aille chercher la marchandise à l'intérieur, soit même qu'on l'achète sur les marchés de la côte. L'emploi d'un interprète salarié serait chose impraticable et souvent dangereuse pour les intérêts du négociant qui y aurait recours. Il faut agir par soi-même, et bien peu d'Européens ont assez de connaissance du pays, de ses mœurs, de son langage, de son commerce avec ses marchandages sans fin pour pouvoir s'aventurer. Les Maltais seuls pourraient peut-être réussir, mais sauf leur religion, à laquelle ils sont d'ailleurs fort attachés, les Maltais sont peut-être plus Tunisiens qu'Européens.

Enfin si nous complétons ces renseignements en ajoutant que les juifs dominent en Tunisie de la façon la plus absolue au point de vue financier, on comprendra sans que nous ayons besoin d'en dire davantage, que notre conseil donné aux Européens d'attendre avant d'aller fonder des maisons de commerce en Tunisie est absolument justifié.

CHAPITRE II

LA COLONISATION. — LES COLONS. — LES RÉSIDENTS ÉTRANGERS.

La colonisation En ce qui concerne les colons français qui voudront s'établir en Tunisie, nous nous permettrons de leur donner un conseil qui soulèvera peut-être contre nous bien des récriminations, mais qui n'en sera pas moins dicté par l'esprit de vérité.

Ce conseil sera celui de ressembler le moins possible aux colons algériens en général. En général, hâtons-nous de le répéter, car il existe en Algérie d'honorables exceptions.

Les colons algériens Mais il faut reconnaître que ceux qui ne rentrent pas dans cette catégorie exceptionnelle sont des personnalités peu agréables, criards, vantards, parlant beaucoup et ne travaillant guère, s'occupant de politique bien plus que

d'affaires. Leurs allures frappent d'étonnement
l'Européen qui arrive pour la première fois en
Algérie.

Nous avons pour notre part débarqué à Philippeville au lendemain des élections du 4 octobre 1885. Les murs de la ville étaient encore
tout bariolés des proclamations des candidats,
des comités ou même des simples citoyens qui
avaient tenu à faire connaître leur manière de
voir.

On ne peut pas se figurer ce que ces gens-là
se sont jetés d'injures à la tête. Ils se sont tout
dit. Non contents d'aller éplucher la vie politique, les votes et les opinions des candidats ou
de leurs amis, ils allaient chercher des arguments dans leur vie privée ou celle des leurs.
C'était un débordement général d'invectives et
les arcades de la principale rue de Philippeville
semblaient autant de feuillets du catéchisme
poissard.

On comprend du moment que les colons se
traitent ainsi entre eux, de quelle façon ils
doivent se comporter vis-à-vis des indigènes. Un
colon a toujours une canne et il croirait ne pas
pouvoir se faire comprendre d'un Arabe s'il ne
le menaçait un peu de son bâton en lui commandant quelque chose ou même en lui deman-
dant un renseignement. Les colons se plaignent

souvent des Arabes, ils ont peut-être quelquefois
raison, mais ils devraient bien un peu se regarder eux-mêmes avant de se plaindre. Il faut que
les Arabes aient bien peur de nous ou qu'ils
aient un fond de douceur dont personne n'a jamais encore parlé, pour ne pas devenir enragés,
au moins quelquefois, étant donné la façon dont
ils sont traités.

Et dire qu'il s'est trouvé des économistes très
sérieux pour manifester une grande surprise de
ce que nous n'étions pas aujourd'hui plus sympathiques aux indigènes qu'aux premiers jours de
l'occupation. C'est le contraire qui serait incom-
préhensible.

Nous savons bien qu'il ne pourra jamais s'opé-
rer de fusion sérieuse entre les musulmans et les
chrétiens; mais il est certain, et nous avons entendu affirmer la chose par tous les hommes
compétents que nous avons interrogés, fonctionnaires ou simples particuliers, ecclésiastiques,
militaires ou civils, que si nous n'avions pas de
grandes chances de nous faire aimer, nous pou-
vions en avoir de nous faire estimer.

Pour arriver à ce résultat, il suffisait de deux
choses, la dignité et la justice.

Une autre raison qu'ont les musulmans de n'a-
voir pour nous d'autre considération que celle
qu'on accorde à la prépondérance de la force

matérielle, et cette raison est peut-être la principale, c'est l'attitude anti-religieuse de la plupart des colons algériens.

Quels que soient les défauts des musulmans, ils ont une qualité qu'on ne saurait leur refuser : ils sont profondément religieux. Non seulement pour eux la religion se confond avec la politique, mais encore elle fait tellement partie de l'existence qu'ils ne peuvent comprendre un homme sans religion. Pour ceux-là sont réservés les châtiments les plus sévères de la *djehennah* où brûle le *nar* (feu éternel) et où croissent des arbres affreux parmi lesquels se trouvent les *zakoum* dont les branches portent des têtes de diables au lieu de fruits.

Or, l'une des caractéristiques du colon algérien est son antipathie pour toute religion, quelle qu'elle soit. Non seulement il n'est pas pratiquant, mais il ne manque jamais une occasion de manifester sa haine contre toute idée religieuse.

Un fait pourra donner une idée du point où est poussé ce sentiment.

Il y a quelques années une commune importante de l'Algérie avait son église tombant en ruines. Le curé n'avait pas le premier sou pour faire les réparations. Aussi avec son courage habituel, Mgr Lavigerie tenta un effort suprême

et alla trouver le maire pour solliciter de la
commune un secours qui permît de faire face
aux nécessités les plus urgentes.

— « Monseigneur, lui répondit nettement le
magistrat municipal, mon conseil votera sans
hésiter les fonds que je lui demanderai pour faire
démolir une église, mais je n'en obtiendrai jamais un centime pour faire réparer celle qui
existe. »

Non seulement le colon algérien est en général anti-religieux par essence, mais encore il est
absolument révolutionnaire. Il est peu de contrées où la franc-maçonnerie et les associations
révolutionnaires comptent plus d'adeptes. Il eût
certainement été impossible d'appliquer la loi
sur l'Internationale en Algérie.

On comprend dans ces conditions que le musulman, à son antipathie innée pour son vain-
queur, ajoute encore un sentiment qui n'a rien
de commun avec l'estime pour des gens qu'il
voit fouler aux pieds les sentiments qu'il considère comme devant primer tous les autres.

Un vieux chérif disait un jour à un haut digni-
taire de l'église catholique auquel il ne manquait
jamais quand il le rencontrait de témoigner les
sentiments les plus vifs d'estime et de vénération :

— « Vous en savez plus que nous sur les choses de la terre, mais nous valons mieux que vous, parce que nous sommes plus près de Dieu. »

Maintenant quelle est la cause de cette allure particulière du colon algérien au point de vue religieux ? Nous allons essayer de l'exposer, parce qu'elle n'est pas très connue d'abord et qu'ensuite elle pourra servir à expliquer bien des choses, soit dans le passé, soit dans l'avenir.

Pendant les premières années de la conquête, la majeure partie des Français qui vinrent s'établir en Algérie ne se recrutèrent pas, comme on peut le penser, dans l'élite de la population. On connaît trop notre caractère et nos habitudes pour qu'il soit nécessaire d'insister sur ce point.

L'Algérie n'était donc habitée, pour la plus grande partie, que par des déclassés, quand arriva la révolution de février, suivie à bref délai de l'insurrection de juin.

Le général Lamoricière eut à cette époque la malheureuse idée de déporter en Afrique un bon nombre des insurgés. Il créa ainsi dans la colonie un premier foyer de radicalisme que vinrent entretenir et compléter les déportations qui suivirent le coup d'Etat de 1851.

Il en résulta que la plupart des déportés s'établissant ensuite dans le pays convertirent bon nombre d'anciens colons à leurs doctrines, sans même avoir besoin pour réussir de faire de grands efforts de propagande. L'Algérie devint ainsi peu à peu la proie de l'esprit révolutionnaire le plus ardent, et depuis nombre d'années les corps élus ne se recrutent que parmi les personnalités officiellement connues pour être imbues des théories les plus radicales et les plus anti-religieuses.

Plus tard, après la guerre de 1870-71, il fut encore question de colonisation par voie administrative et de nouveaux villages furent établis, surtout dans le but de créer des situations aux Alsaciens-Lorrains qui ayant opté pour la nationalité française cherchaient un asile sur les terres de la mère-patrie.

L'amiral de Gueydon qui gouvernait alors l'Algérie et qui était pourtant un homme de haute valeur eut une idée malheureuse. Au lieu de créer des villages occupés uniquement par les nouveaux arrivés, il imagina des villages mixtes peuplés moitié par d'anciens colons, moitié par les émigrants.

Qu'arriva-t-il ? Ce qu'on aurait pu facilement prévoir. Ce ne furent pas les nouveaux arrivants qui convertirent leurs anciens à des idées plus modérées, mais bien les anciens qui entraînèrent les autres dans les voies du radicalisme. Aujourd'hui on ne saurait plus guère faire de différence entre les uns et les autres.

On comprend que dans ces conditions les indigènes n'aient pour les colons ni affection ni respect. Nous ne pouvons donc que conseiller aux Français qui iront s'établir en Tunisie de ne pas imiter leurs voisins et prédécesseurs : la Tunisie, la France et eux-mêmes ont tout à gagner à cette manière de procéder.

La Tunisie comprend un nombre d'habitants La population au sujet desquels certains géographes, pour lesquels l'univers n'a plus de secrets, donnent des renseignements excessivement précis. Nous ne sommes point aussi avancé et notre hésitation se comprendra quand on saura que l'administration tunisienne elle-même, est incapable de dire combien d'habitants compte la ville de Tunis à 25.000 près. Les formalités d'état-civil n'existant pas, on est obligé de se livrer à des calculs approximatifs qui ne reposent sur aucune base sérieuse. Tout ce que nous pouvons supposer c'est qu'aujourd'hui les cimetières ayant des gardes, on connaît ainsi la moyenne quotidienne des décès qui s'élève de 12 à 15 ; on peut donc penser que la ville a de 175 à 190,000 habitants, mais ce chiffre est absolument hypothétique.

Ce qui est certain c'est que la Tunisie pourrait facilement nourrir et enrichir dix fois plus d'ha-

bitants qu'elle n'en possède, sinon même davantage.

Ce n'est point ici le lieu de faire une étude
ethnologique sur la Tunisie, et d'ailleurs l'auteur
de ce travail manquerait pour cela des connais-
sances nécessaires. Il nous suffira de dire qu'on
retrouve dans la population indigène tous les
types qui se rencontrent sur les bords de la
Méditerranée, plus des noirs de toutes les familles nègres ainsi que les produits les plus divers
issus des croisements entre ces races différentes.
La population étrangère y est représentée par
4 à 5,000 Italiens, 20,000 Maltais, 2,000 Français, si nous en exceptons le corps d'occupation
et 50,000 juifs. Nous comprenons les juifs parmi
les étrangers parce qu'ils nous ont toujours
paru être des étrangers dans le pays qu'ils
habitent.

Les Français La colonie française n'est pas représentée, il
faut bien le dire, par un grand nombre d'individualités de valeur. La majeure partie des Français qui résident en Tunisie et plus particulièrement dans la capitale y ont été amenés par les
hasards d'une existence mouvementée plutôt que
par le désir de se chercher une nouvelle patrie
de l'autre côté de la Méditerranée. Parmi les
meilleurs, beaucoup n'y sont installés que provi-
soirement et s'y considèrent comme dans une

sorte d'exil. Jusqu'à présent la plupart des acheteurs de terrains ont été bien plus des capitalistes songeant à faire un placement avantageux que des émigrants véritables, partant s'installer au loin et y transportant leurs pénates.

Il résulte de cet état de choses que la colonie française à Tunis n'a pas l'importance que nous voudrions lui voir et surtout celle qu'elle devrait avoir dans l'intérêt des deux pays. Il se fait cependant un petit mouvement dans le sens d'une amélioration et il serait d'autant plus désirable que ce mouvement fût favorisé par l'administration de la mère-patrie que nous avons à lutter dans ce pays contre une influence très forte, très habile, très intelligente, celle des Italiens puissamment secondés par leur gouvernement.

L'ensemble de la colonie italienne est en effet bien supérieur à celui de la colonie française, non seulement par le nombre mais aussi par la valeur des personnalités.

Les Italiens à Tunis comptent parmi eux beaucoup de négociants très honorables, très capables, très intelligents et très patriotes. Ils viennent d'organiser une Chambre de commerce italienne et leur consul a eu le tact et l'habileté de prier le Résident français de venir l'installer comme représentant le gouvernement protecteur. La création de cette Chambre de commerce n'a eu lieu, nous a-t-on assuré, que sur le refus d'admettre dans la Chambre de commerce internationale déjà existante un nombre plus considérable de membres italiens. Jusqu'à présent les rapports ont été parfaitement courtois entre les deux Chambres, mais il peut survenir des difficultés économiques, des conflits d'intérêt au sujet des articles d'exportation ou d'importaticn, des tarifs de douane, et comme ce sera le gouvernement beylical protégé de la France, c'est-à-dire la France elle-même qui sera appelé à trancher les différends, il pourra en résulter des motifs de froissement entre les deux pays.

Nous venons de dire, en effet, que la colonie italienne était très patriote. A ce titre, on ne saurait être surpris qu'elle ne nous témoignât pas une bien vive sympathie. Illusions ou espérances, les Italiens ont toujours eu les yeux tournés du côté de la Tunisie, séparée de la Sicile par un simple bras de mer et avec laquelle ils ont de temps immémorial entretenu d'importantes relations commerciales. Ce n'est donc pas sans une secrète jalousie qu'ils nous ont vu mettre la main sur ce pays et on ne doit pas s'étonner de rencontrer chez eux une sorte d'hostilité sourde bien qu'enveloppée d'un vernis de courtoisie auquel nous ne saurions nous refuser de rendre hommage.

Les Italiens sont d'autre part soutenus dans L'Angleterre cette attitude par nos bons amis les Anglais. On sait que les Anglais semblent considérer comme un vol qui leur serait fait, la conquête d'une colonie par d'autres qu'eux-mêmes. A ce titre, ils ont été froissés au plus haut point de nous voir prendre le protectorat de la Régence, et, nous ne croyons pas qu'ils aient laissé passer une seule occasion de nous prouver qu'ils envisageaient notre présence à Tunis comme leur étant absolument désagréable. Malheureusement nous sommes moins bien outillés dans l'Afrique septentrionale que les Anglais ou même que les Italiens, au point de vue diplomatique, et nous avons eu à plusieurs reprises à subir les conséquences de cette infériorité.

A côté des Italiens se trouvent les Maltais. Les Maltais Ceux-ci, comme nous l'avons dit, sont au nombre d'une vingtaine de mille et forment la majorité de la population européenne. Le Maltais s'acclimate facilement en Tunisie dont le climat a beaucoup de rapport avec celui de son pays d'origine qu'on dirait un morceau d'Afrique perdu au milieu de la Méditerranée. Sobre, ardent au travail, économe, le Maltais fait tous les métiers et arrive à se créer une sorte d'aisance facile à obtenir, du reste, pour des gens qui n'ont que peu de besoins. Presque tous de condition inférieure, ils n'ont d'autre influence que celle qui résulte de leur nombre et de leur caractère turbulent, mais cette influence n'est pas moins à considérer.

Les Maltais sont de fervents catholiques. S'ils n'ont pour les Français qu'une sympathie relative, ils professent par contre une vénération qui va jusqu'à l'enthousiasme pour l'éminent archevêque de Carthage, Mgr. Lavigerie. Dire quelle est la popularité du respectable prélat dans le monde maltais, serait se faire taxer d'exagération par tous ceux qui n'ont pas été à même de s'en rendre compte à Tunis ou même à Malte.

Il y a quelques années, on se souvient qu'il se produisit un attentat contre la vie de la reine Victoria. Mgr Lavigerie se rappela que les Maltais étaient sujets de sa Gracieuse Majesté et pour s'associer au sentiment de *loyalty* qui se manifesta si vivement à ce moment dans tout le monde britannique, il fit célébrer un service solennel d'actions de grâce pour remercier Dieu d'avoir préservé les jours de la reine. Il n'est pas possible de dépeindre l'enthousiasme que cette mesure suscita parmi cette population si ardemment catholique.

Les Juifs. Il nous reste à parler des juifs. C'est assez délicat.

La providence a fait de la Tunisie un pays privilégié au point de vue des gros animaux nuisibles. On n'y rencontre, en effet, ni lions, ni tigres, ni panthères. Sauf quelques hyènes, quelques chacals et quelques chats sauvages, on n'y voit jamais de carnassiers dangereux. Les reptiles venimeux eux-mêmes y sont inconnus. Sinon peut-être tout à fait dans le sud, où il y a quelques serpents dangereux, on ne trouve en Tunisie que de grosses couleuvres inoffensives, qui sont au dire des habitants parfaitement comestibles. Les scorpions mêmes, assez communs en Algérie, ne s'y trouvent qu'exceptionnellement. A ce point de vue la Régence peut passer pour un pays béni de Dieu.

Mais il faut croire que le diable qui cherche toujours à déformer les œuvres du Créateur a voulu prendre sa revanche. Voyant que la Tunisie ne comptait aucun animal nuisible il y envoya le juif.

Le juif n'est pas le seul fléau de la Tunisie, il n'est peut-être même pas le principal, mais les habitants doivent pourtant regretter de ne pouvoir le changer contre un assortiment complet d'animaux féroces. Il tient la Tunisie entre ses doigts crochus et on se demande comment ce malheureux pays pourra faire pour échapper à son étreinte.

Le juif tunisien n'exerce pour ainsi dire aucun

autre métier que celui de manieur d'argent;
mais aussi ce métier, comme il le connaît et
comme il le pratique! Qu'il lave les *Bou-Koufa*
(pièces d'or du pays) dans une dissolution d'acide
pour en enlever quelques milligrammes, qu'il
agiote sur la valeur de la piastre, une monnaie
de compte qui n'existe pas en réalité et qui à ce
titre permet de spéculer à son aise, qu'il prête
à la petite semaine ou qu'il prenne la ferme des
impôts, on le trouve toujours et partout. Toujours et partout, âpre au gain, dur comme son
ancêtre Shylock, il tire de ce peuple le plus clair
de ce que lui laisse l'administration.

C'est un grand malheur pour la Tunisie que
les capitaux français soient généralement entre
les mains de gens ignorants. Ceux qui les dé-
tiennent jouent gros jeu sur les valeurs aléatoi-
res ou se laissent piper par des aventuriers qui
viennent leur prendre leur argent en leur pro-
mettant des bénéfices usuraires dans des placements fantastiques à l'étranger. Ils ne savent
pas qu'aux portes de la France il est un pays
où quand on prête de l'argent à dix pour cent
sur les meilleures garanties, on est considéré
comme un petit manteau bleu, comme un de
ces êtres de qui les « hommes d'affaires » disent: « voilà un garçon qui va se ruiner par sa
générosité. »

Le jour où les capitalistes français sauront cela, les juifs tunisiens auront vécu; les seize, dix-huit, vingt et trente pour cent qu'ils demandent aux emprunteurs passeront dans le domaine de la légende et comme ils sont pour la plupart incapables de rien produire, ils quitteront le pays. Je puis affirmer sans crainte d'être démenti par aucun habitant de la Tunisie que personne ne les regrettera.

Après avoir parlé des indigènes et des Euroropéens, il serait peut-être naturel d'étudier quelles sont les mœurs des uns et des autres. C'est un sujet sur lequel nous croyons plus prudent de passer sans nous arrêter.

Les mœurs

CHAPITRE III

LES CAUSES DE LA SITUATION ACTUELLE. —
L'ADMINISTRATION. — LES IMPOTS. — LE
PROTECTORAT ET L'ANNEXION.

Nous avons montré que, comme nous l'apprend
l'histoire et comme le confirme l'observation, la
Tunisie a été un des pays les plus fertiles et les
plus riches du monde et qu'elle pourrait le redevenir.

L'administration Il s'agit maintenant de chercher quelles sont
les causes qui ont amené sa décadence, qui ont
empêché et empêchent encore son relèvement.

Ces causes ne sont pas nombreuses, il n'en
est qu'une, mais si elle est unique, elle a des
conséquences multiples; c'est la mauvaise administration.

La Tunisie a été ruinée par de mauvais gouvernements et tant que le régime sous lequel elle

vit, si on peut appeler cela vivre, ne sera pas modifié, elle restera ruinée et incapable de se relever malgré la richesse de son sol et la bonne volonté de ses habitants.

Quand un pays en est arrivé à ce point que le malheureux indigène préfère ne rien produire et presque ne rien manger que de travailler pour le collecteur des impôts, ce pays est fatalement voué à la ruine.

Quand, bien plus encore, dans un pays, le cultivateur en arrive à refuser de semer le grain et qu'il détruit les arbres à fruits, parce que sa récolte et sa propriété sont pour lui des causes de ruine, ce pays est fatalement voué à la misère et à toutes ses conséquences.

Cette situation est celle de la Tunisie dans le passé et, disons le, encore dans le présent.

Si elle ne change pas dans l'avenir, le pays restera aussi pauvre, aussi désolé, aussi désert qu'il est aujourd'hui.

La Tunisie est divisée en provinces qu'on *Division du pays* nomme *outan*. Le gouverneur d'un outan se nomme caïd ou pour écrire plus correctement *qaïd*, mais nous conserverons l'orthographe adoptée généralement en France.

Chaque caïd a sous ses ordres un ou plusieurs khalifa (lieutenants). Avec les cheikh, maires des villages ou chefs des tribus et fractions de tribus ils composent l'administration.

Sous l'ancien régime beylical il y avait à côté de cette administration plus civile que militaire une administration exclusivement militaire. Le pays était divisé en quatre grandes subdivisions ayant leur siége à Benzert (Biserte), à El-Kef, à Kairouan et à Gabès. Les commandants de ces subdivisions s'appelaient des *kiahya*. Nous n'avons plus à nous occuper de ces dernières, mais l'administration civile et administrative est restée presque la même, surtout au point de vue des impôts à percevoir dans l'intérieur. Pour Tunis et en ce qui concerne certaines taxes comme les douanes, il y a des perceptions particulières, affermées, sur lesquelles nous reviendrons tout à l'heure.

Cette administration est chargée de percevoir les impôts et avant de considérer comment elle procède, examinons d'abord quels sont ces impôts.

Les impôts Il y a d'abord celui de la capitation ; il se monte par tête de Tunisien à environ 30 fr. 50 et cela sans préjudice d'une *quarantaine* d'autres impôts divers atteignant toutes les branches de la production, de la consommation et même de ce qui n'est ni production ni consommation.

Il faudrait un gros volume pour fournir le détail de ce régime qui dépasse ce que l'esprit le plus fiscal semble avoir pu imaginer. Pour en donner une idée, voyons ce qui se passe pour un des produits naturels qui pourrait rapporter le plus de profit par son abondance, sa richesse et sa facilité à se multiplier, nous voulons parler des oliviers.

Chaque pied d'olivier est frappé d'un droit fixe de 5 fr. L'impôt est dû à partir du jour où l'olivier est visible et se perçoit tous les ans, que l'arbre ait porté des fruits ou qu'il n'ait rien produit.

Or, dans ce pays si fertile, un olivier, dans les meilleures conditions, ne commence à rapporter qu'au bout de dix ans. Dans les terrains ordinaires il ne donne de récolte que tous les deux ans, dans les terrains médiocres ou quand il se présente des maladies, que tous les trois ans.

Un olivier de trente ans a donc donné au maximum dix récoltes depuis sa naissance et son propriétaire a dû payer pour lui au gouvernement une somme de 150 fr.

Dans ces conditions il n'y a pas lieu d'être surpris que les Tunisiens non seulement ne plantent pas d'oliviers, mais encore s'empressent de les arracher quand il s'en trouve sur les propriétés qu'ils possèdent.

Il en est de même pour les autres arbres pro-
ducteurs, aussi, si l'on ajoute à cette coutume
presque nécessaire, les habitudes de destruction,
l'obligation de se procurer du combustible et
les conséquences d'une existence devenue presque nomade, il ne faut plus s'étonner du déboi-
sement complet ou presque complet de la Tunisie.

Si quelque chose pouvait surprendre, ce serait
de trouver encore quelques oliviers dans ce
pays.

Mais à ces impôts dont on peut juger par un
seul exemple, si topique d'ailleurs qu'il peut nous
dispenser d'en donner d'autres, s'ajoute un autre
fléau.

Les percepteurs   Ces impôts énormes sont prélevés par des
fonctionnaires qui ne considèrent leurs places
que comme des propriétés dont il est de leur
intérêt de tirer le meilleur parti possible.

Et comme avec eux le meilleur parti possible
se traduit par le plus d'argent, ils ne se contentent pas de percevoir l'impôt une seule fois,
mais ils y ajoutent de leur autorité privée autant
de centimes additionnels qu'ils peuvent en percevoir. Il n'y a d'autre limite à leur avidité que
l'impossibilité absolue pour le contribuable d'y
satisfaire, quels que soient les moyens employés
par eux à cet effet.

Les Caïds et leurs Khalifa avaient imaginé à leur profit la perception d'un impôt auquel ils avaient donné un nom assez original. Ils l'appelaient *Hagg-es-Sabbat,* le prix des souliers, ce qui voulait dire que cet impôt était destiné à payer la valeur des chaussures que le fonctionnaire était censé user dans l'accomplissement des soins de son emploi.

Dans certains districts le « prix des souliers » s'est élevé parfois à la valeur du cinquième de la totalité des impôts perçus.

On se rend compte facilement de ce que peut devenir un pays après un siècle de pareil régime.

Et ces Caïds et ces Khalifa, en pressurant ainsi les malheureux habitants, ne faisaient que chercher à rentrer dans les sommes qu'ils avaient dû dépenser pour obtenir leurs places.

Tout se donnait, tout se donne encore, par la faveur du Bey. Or, si nous écartons la personnalité du Bey actuel, nous savons par la chronique du pays que les souverains tunisiens, comme beaucoup d'autres, étaient soumis souvent à des influences d'origines diverses, mais qui prenaient la plus grande part à leurs décisions.

Ces influences, sachant que leur pouvoir était aussi éphémère que les plaisirs dont il est question dans le brindisi de la *Traviata,* cherchaient

Les fonctionnaires

naturellement à en tirer le meilleur parti possible et avec une perspicacité qui prouve que
l'étude de l'économie politique n'est pas absolument nécessaire pour connaître le jeu du
mécanisme de l'offre et de la demande ; elles
mettaient aux enchères les places, ne les livrant
que contre espèces sonnantes, au plus offrant
et dernier enchérisseur.

Les fonctionnaires une fois nommés n'avaient
plus que deux buts dans leur existence : le premier, rentrer le plus vite possible dans leurs
déboursés ; le second, s'enrichir en toute hâte
avant qu'une nouvelle influence, se substituant
à celle qui les avait fait nommer, les rendît à la
vie privée pour mettre à leur place un adjudicataire plus généreux.

On comprendra sans peine qu'au bout d'un
certain nombre d'années d'un pareil régime, un
pays en soit réduit à la misère la plus profonde.
Ajoutons qu'il faut que les indigènes de la Tunisie aient un caractère tout particulier pour ne
pas avoir protesté autrement que par des
plaintes contre leur administration. Il faut croire
que s'il y a des peuples naturellement guer-
riers, il en est d'autres instinctivement contri-
buables.

Nous avons dit que dans les grandes villes et
particulièrement à Tunis, les impôts se perce-

vaient d'une autre façon, bien que par des procédés de même famille.

A Tunis, les impôts sont affermés et, comme
on peut le penser, les fermiers leur font rendre
tout ce qu'il est possible d'en tirer. Pour donner
une idée de la façon dont les choses se passent,
nous allons citer un fait qui s'est produit dans
l'été de 1885, c'est-à-dire sous le protectorat
français. Les exemples en disent toujours plus
long que les phrases, si harmonieusement que
ces dernières puissent être cadencées.

Ce qui remplace à Tunis, non seulement l'oc-
troi, mais encore une bonne partie de ce que
nous appelons en France les impôts de consommation, est une taxe connue sous le nom de
Dar-el-Djeb. Elle se perçoit aux portes de la
ville, sur les denrées qui sont apportées du
dehors. Naturellement, cet impôt est affermé et
son adjudicataire en tire le meilleur parti possible.

Or, pendant l'été de 1885, ledit fermier du
Dar-el-djeb eut l'idée de faire une spéculation
sur les melons. Ces cucurbitacées sont frappés
d'un impôt, et comme la consommation en est
énorme dans un pays chaud, notre homme acheta
ou fit acheter tous ceux qu'il put trouver dans
un rayon assez étendu, et par ce moyen se cons-
titua une sorte de monopole qui, lui permettant

de maintenir les prix à un certain niveau, lui procurait de gros bénéfices.

Malheureusement pour sa combinaison, l'été, qui fut très chaud, hâta la maturation des raisins, et ces fruits, les seuls ou à peu près qui soient abondants dans le pays, sont excellents et fort appréciés des habitants.

Les raisins arrivant avant que les melons fussent écoulés allaient faire grand tort à la spéculation du fermier, et ce dernier voyait sa belle combinaison se réduire à bien peu de chose. Dans cette circonstance, il eut une idée grande comme le monde dans sa simplicité.

Il interdit tout bonnement l'entrée des raisins dans Tunis.

Le matin, quand les habitants de la banlieue arrivaient avec des paniers pleins de raisins, on en prélevait un certain nombre. Comment on les payait est une question qu'il ne faudrait peut-être pas trop approfondir. Quand les employés avaient prélevé la quantité qui leur était indiquée, les Arabes qui se présentaient étaient éconduits, et on peut penser qu'on prenait plutôt des bâtons que des gants pour les prier de passer au large.

Les raisins tolérés étaient soigneusement envoyés aux autorités beylicales et aux principales personnalités de la Résidence, et les gens en place pouvaient apprécier avec toutes les facilités désirables la qualité de ces fruits dont l'ensemble de la population était absolument privé.

Inutile d'ajouter que le fermier du *Dar-el-Djeb* n'avait consulté personne pour prendre sa détermination. Il agissait tout seul, ce qui est en Tunisie comme ailleurs, le meilleur moyen de ne pas se heurter à des objections désagréables.

La combinaison réussit admirablement pendant quelques jours. Le soleil continuait à chauffer la terre, les melons se vendaient comme du pain et le fermier se frottait les mains, se félicitant de la fertilité de son imagination.

Malheureusement, quelques personnes apprirent que les raisins étaient mûrs. Elles cherchèrent à connaître les motifs d'une prohibition qu'aucune loi n'autorisait, et les plus hardies allèrent aux portes, envoyèrent promener les employés du fermier, et moitié de gré, moitié de force, parvinrent à faire entrer en ville les raisins qu'on en écartait chaque matin. Au bout de quelques jours, tout était revenu à l'état normal.

Quelqu'un alla faire reproche au fermier de sa conduite.

— Que voulez-vous, répondit cet homme avec une simplicité à désarmer un procureur général, vous auriez bien pu attendre encore quelques

4

jours, j'aurai alors fini d'écouler tous mes melons.

On ferait un kilomètre d'observations, qu'elles ne vaudraient certainement pas ce simple exemple pris sur le vif.

Qu'on nous permette de citer un second fait et on sera édifié sur l'administration tunisienne.

On sait qu'à la suite de notre occupation, en 1881, un grand nombre d'habitants de la Tunisie préférant l'exil à notre domination, passèrent la frontière et allèrent s'installer en Tripolitaine.

Ces « *dissidents* », c'est le nom sous lequel ils sont connus, furent l'objet de nombreux pourparlers avec le gouvernement ottoman. Nous n'avons pas à examiner ici, si le gouvernement français eut tort ou raison d'insister pour les faire revenir dans leur pays, contentons-nous de constater qu'en 1885 le plus grand nombre d'entre eux, et leur chiffre total dépassait certainement deux cent mille individus, poussés, soit par la misère, soit par tout autre motif, repassa la frontière et vint reprendre possession de ses maisons et de ses propriétés.

Il semble, au premier abord, que puisque le gouvernement tunisien et le protectorat avaient fait ce qu'ils avaient pu pour pousser au rapatriement des dissidents, leur premier soin devait être de les recevoir avec sympathie et de leur

faciliter l'existence dans le pays où ils reve-
naient se fixer.

Penser ainsi serait bien peu connaître l'administration tunisienne.

La première chose que fit le gouvernement
vis-à-vis des dissidents, fut de leur réclamer
quatre années d'impôts arriérés pour le temps
qu'il avaient passé hors de la Tunisie.

Il est inutile d'insister pour faire comprendre
la nature des sentiments qu'une pareille conduite
peut faire naître chez des hommes qui n'avaient
déjà pas une bien grande sympathie pour nous
et qui nous rendent responsables des actes du
gouvernement beylical qu'ils voient sous la
dépendance à peu près absolue du Résident
français.

Les meilleures démonstrations sont celles qui
s'imposent par l'exposé des faits. Ce que nous
avons rapporté de l'administration en Tunisie
suffit pour prouver clair comme une addition
qu'un pays, quel qu'il soit, ne saurait prospérer
dans des conditions semblables.

Il n'est donc pas besoin de connaître à fond
la logique de Port-Royal pour comprendre que
la Tunisie ne pourra se relever que quand son
administration changera.

Mais quand changera-t-elle? C'est ce que
nous ne savons pas, ni personne non plus ; nous

ne voulons faire ici ni de la politique, ni des personnalités.

Nous ne voulons pas davantage entrer dans des détails d'administration qui pourraient avoir beaucoup d'intérêt au moment où nous les écririons, mais qui trois mois plus tard seraient de l'histoire ancienne. Nous n'avons voulu que présenter un tableau, et ce tableau peut se résumer en quelques lignes.

Une conclusion La Tunisie est un pays admirablement doté par la nature et absolument ruiné par son administration. Il faut réformer de fond en comble celle-ci pour pouvoir profiter des bienfaits de celle-là : on ne nous accusera pas d'ambiguïté.

Pour en terminer sur ce point, il ne nous reste à envisager qu'une question au sujet de laquelle on a dépensé beaucoup d'encre en Tunisie et en France. Nous voulons parler du protectorat et de l'annexion.

Le protectorat et l'annexion Il s'agit de savoir s'il est plus avantageux pour la France comme pour la Tunisie de maintenir la situation actuelle ou de faire de la Tunisie une annexe de l'Algérie, c'est-à-dire de l'organiser à la française en se substituant d'une façon complète au gouvernement du Bey.

Nous avons consulté à ce sujet tous ceux qui en Tunisie pouvaient, soit par leur situation personnelle, soit par leur valeur propre, émettre une opinion autorisée. Quand il s'agit d'apprécier une chose qui demande des études longues et une expérience approfondie, il serait par trop outrecuidant à un voyageur de vouloir juger par ses propres yeux et trancher les questions sans se donner la peine de consulter personne.

Les partisans de l'annexion se rencontrent plutôt en Algérie qu'en Tunisie. Sauf quelques militaires, ils appartiennent presque tous à la catégorie des politiciens. Les raisons qu'ils donnent sont plus vagues que précises. Ils invoquent ces grands principes qu'on va toujours chercher pour remplacer les arguments qui font défaut ; ils affirment que l'union d'administration empêchera les conflits entre la Résidence et le Bardo, arrêtera les manœuvres des étrangers et confirmera officiellement aux yeux de l'Europe notre prise de possession. *L'annexion*

Les partisans du maintien du régime actuel ont deux avantages sur leurs contradicteurs. *Le protectorat*

En premier lieu ils se recrutent parmi les hommes qui habitent le pays depuis longtemps et y occupent les fonctions les plus importantes, c'est-à-dire ceux qui connaissent le mieux la population ; parmi ceux qui ont dans la Régence les plus gros intérêts, c'est-à-dire ceux qui plus que d'autres ont été appelés à peser le pour et le contre ; enfin parmi ceux qui ont donné le plus de preuves de patriotisme et de dévouement, soit à la France, soit à la Tunisie, c'est-à-dire ceux dont le témoignage doit avoir le plus de valeur pour un juge désintéressé.

En second lieu, leurs arguments sont clairs et précis, si clairs et si précis qu'il n'est besoin que de les reproduire sans les commenter.

Les partisans du maintien du protectorat actuel, au moins pour un temps plus ou moins long, assurent :

Que les budgets actuels de la Tunisie étant absolument fictifs, c'est-à-dire ne reposant que sur une organisation fiscale que l'annexion ferait cesser *ipso facto*, la Tunisie qui actuellement ne coûte rien à la France lui occasionnerait du jour où l'annexion serait proclamée une dépense annuelle de 90 millions.

Que la justice sommaire du Bey est la seule pratique dans ce pays, étant donné sa religion, ses mœurs et ses habitudes. Le jour où notre magistrature procédurière voudrait se substituer à la Thémis tunisienne, si on veut nous permettre une métaphore trop hardie, la sécurité dont on jouit actuellement dans la Régence disparaitrait instantanément.

Que l'annexion amènerait en Tunisie une bande de politiciens faméliques, et que ce que nous voyons de l'espèce en Algérie doit nous faire désirer de ne pas ajouter ces insectes malfaisants à ceux qui existent déjà.

Que le gouvernement beylical étant un gouvernement musulman met dans une certaine mesure la Tunisie à l'abri de la guerre sainte, ce qui est bien à considérer étant donné les progrès des Snoussya dans le monde musulman et les derniers événements du Soudan.

Enfin, que si la Tunisie était annexée, comme il faudrait bien la placer sous le même régime que l'Algérie, nous serions obligés de donner les droits de citoyens aux juifs. Il en résulterait qu'en nous aliénant absolument les musulmans nous perdrions toute notre influence et que la colonisation serait tuée avant d'avoir vécu.

Nous n'ajouterons qu'un mot à cette série d'arguments :

Nous les avons présentés les uns après les autres aux personnes qui paraissaient insister pour l'annexion immédiate.

Nous n'avons trouvé personne qui put en réfuter un seul.

CHAPITRE IV

LES GOUVERNANTS. — MOHAMMED ES SADOOK. — SIDI - ALI. — TAÏEB BEY. — MUSTAPHA BEN ISMAÏL.

Le Gouverne-
ment

Nous avons dit que la Tunisie était gouvernée par le Bey. Le Bey constitue en effet à lui seul le gouvernement. C'est lui qui nomme et révoque les fonctionnaires ; c'est lui qui commande les armées de terre et de mer, qui rend la justice et au nom de qui se perçoivent les impôts.

Ce pouvoir, absolu en apparence, est un peu tempéré dans la pratique par les mœurs musulmanes, qui accordent au clergé musulman et même aux simples individus possédant une certaine réputation de sainteté, le droit d'adresser au souverain des reproches souvent acerbes. Malheureusement, il arrive aussi que le souve-

rain n'écoute guère les reproches et abuse parfois de sa situation prédominante pour faire ad-
ministrer quelque correction magistrale à son
malencontreux conseiller.

Quand les Français entrèrent en Tunisie, le Si-Sadock
Bey se nommait Mohammed-es-Sadock ; on l'ap-
pelait plus communément *Si-Sadock*, *Si* étant
l'abréviation usuelle de *Sidi*, qui signifie seigneur
dans le sens de l'italien signor. Si-Sadock était
un vieillard épuisé par la débauche et qui a été
surtout connu en France par son favori, Mustapha ben Ismaïl, un vilain monsieur ayant coûté à
la Tunisie cent fois plus qu'il ne valait lui-même
et sur le compte duquel nous aurons à revenir
dans ce récit.

Quand Si-Sadock vint à quitter ce monde pour
entrer dans ces limbes mystérieuses qu'on nomme
le Barzakh et dans lesquelles se tient, d'après le
Koran et l'*Elm-tefir-el-Kouran* (le commentaire du Coran), l'âme d'un bon musulman jus-
jusqu'au jour de la résurrection, il fut remplacé
par son frère, Sidi-Ali, qui lui succéda, au grand
mécontentement de son second frère, Sidi-Taïeb,
au sujet duquel il est peut-être utile de donner
quelques renseignements.

Ce Taïeb, le troisième frère de la famille, est Taïeb bey
un homme de mœurs qui ne sont même plus
douteuses et d'une honorabilité que le dernier

décrotteur de Tunis n'éprouve pas la plus hésitation à qualifier. Si nous racontions ce qui nous
a été dit à son sujet par ses victimes, on ne voudrait jamais croire que le gouvernement français
en soit réduit à afficher une certaine considération officielle pour ce personnage.

L'annexion

Quand les Français entrèrent en Tunisie, Si-
Sadock, auquel ses vices n'avaient pas cependant
enlevé toute son intelligence, sentit bien que
c'en était fini de son autorité et que la dynastie
des Hussein, dont le pouvoir s'était appesanti
sur la Tunisie depuis les premières années du
dix-huitième siècle, arrivait à son terme. Il se
montra donc très mal disposé en notre faveur
et, tout d'abord, refusa carrément d'adhérer à
notre protectorat.

Si-Taïeb, qui n'était que le second frère du
vieux Bey et qui naturellement ne se trouvait
pas son héritier direct, eut vent des résistances
de son aîné; criblé de dettes, ambitieux, assoiffé
d'un pouvoir qu'il savait devoir demeurer suffisant pour lui permettre de satisfaire ses passions,
il tenta une aventure. Il s'en alla trouver tout
simplement M. Roustan, qui remplissait à cette
époque les fonctions de chargé d'affaires de
France en Tunisie, et lui promit de consentir à
tout ce qu'on voudrait exiger de lui pourvu qu'on
le nommât Bey à la place de Si-Sadock, sans

tenir compte des droits de Sidi-Ali, l'héritier légitime selon la loi et la coutume.

Le vieux Si-Sadock eut connaissance de cette demande, et elle ne fut probablement pas sans influence sur la décision qu'il prit de signer au palais du Bardo le traité que lui présenta le général Bréard ; mais les musulmans connurent aussi la tentative de Taïeb, et sa considération, déjà minime, devint absolument nulle à dater de ce jour. Une fois le traité signé, Si-Sadock fit arrêter son frère, et il eût été certainement étranglé dans les vingt-quatre heures, si, sur les instances de Mgr Lavigerie, M. Roustan ne fût intervenu et n'eût arraché le coupable à une mort certaine et méritée, si on ne considère que le droit musulman.

Echappé au trépas, Taïeb se rejeta dans la débauche, achetant toujours et ne payant jamais, empruntant sans cesse et ne donnant ni intérêts ni principal. Les plaintes devinrent si vives que Sidi-Ali, qui avait succédé à Si-Sadock, se vit dans la nécessité de faire saisir judiciairement une partie de l'apanage de Taïeb pour satisfaire ses créanciers.

Ce procédé mit Taïeb en fureur, d'autant plus que quand il lui fut appliqué, il se trouvait dans un pressant besoin d'argent. Pour parer aux premières nécessités, il ne trouva rien de mieux

Une histoire tunisienne

que de faire une tournée chez les principaux bijoutiers des *souk* (bazars), d'y acheter à crédit tout ce qu'on n'osa pas lui refuser et d'engager l'ensemble chez des juifs.

Si-Ali-Bey, qui est un brave homme, trouva la chose un peu forte et fit arrêter son frère. Mais Taïeb est habile, et d'une affaire purement correctionnelle, il essaya, pour se tirer d'embarras, de faire une affaire politique.

Nous savons que beaucoup de gens auront peine à croire à l'exactitude de ces renseignements, qui permettent d'envisager sous un jour tout nouveau les événements qui se sont passés en Tunisie et peut-être ceux qui s'y passeront quelque jour ; mais qu'on nous permette d'affirmer simplement l'exactitude de ce que nous racontons et poursuivons.

Taïeb en prison, mais en prison dans sa maison, avec son harem et ses serviteurs, voulut se poser en victime. Il lui fallait de l'argent. Pour en avoir, il alla jusqu'à engager les bijoux de toutes ses femmes, et réussit par ce moyen à se procurer une somme assez ronde. Puis, grâce à l'intermédiaire d'un juif algérien, — on trouve toujours quelque juif dans ces histoires, — il intrigua auprès du gouvernement français.

Que se passa-t-il à Paris ? Nous ne saurions dire les noms ni donner les chiffres, parce que nous n'avons pas en main les preuves écrites, c'est-à-dire les reçus des sommes que dépensa le juif algérien ; mais le fait est que, sous une pression parlementaire à laquelle le gouvernement ne put, paraît-il, pas résister, la Résidence intima au Bey l'ordre formel de remettre Taïeb en liberté. Et ce fut fait.

Nous n'avons pas besoin de dire de combien de degrés fit monter la France au thermomètre de la considération cet acte qui, chez les Tunisiens, non-seulement de la capitale, mais de toute la Régence, a été plus que sévèrement appréciée.

Voyant qu'avec certaines influences on pouvait arriver à de bons résultats, Taïeb ne s'est point arrêté en si beau chemin. Autour de lui s'est organisé une sorte de syndicat dans le genre de ceux qui fonctionnent à la Bourse. Grâce à ses amis, Taïeb a obtenu en octobre 1885 la permission de venir en France. Il y est allé pour traiter, dit-on, du prix qu'il demandera pour autoriser, quand il aura succédé au Bey actuel, la transformation du protectorat en annexion. C'est du moins la rumeur qui circulait en Tunisie quand Taïeb est parti pour la France, et si nos représentants là-bas avaient su l'arabe, ils auraient entendu avec quel luxe d'épithètes, les musulmans parlaient de lui. Malheureusement

Un syndicat politique

tous nos représentants ne connaissent pas la langue du pays et ceux qui la savent étaient probablement allé se promener au loin le jour où ils auraient pu entendre et s'instruire: l'homme n'est pas parfait.

Mustapha ben Ismaïl

Un des autres types curieux du gouvernement tunisien, typé qui a occupé dans ce pays les fonctions les plus importantes et qui rêve certainement d'y jouer encore un rôle, c'est ce Mustapha-ben-Ismaïl, le favori de Si-Sadock, la sangsue de la Tunisie, un des êtres les plus ignobles et les plus malfaisants qu'il soit possible de rencontrer.

Ancien garçon d'écurie et jouet des corps de garde du Bey, Mustapha fut un jour distingué par Si-Sadock, dont la dépravation sénile atteignait aux limites de la pathologie. Il fit rapidement son chemin. En quelques mois, il fut bombardé colonel, puis général, puis ministre. Le vieux Si-Sadock fit mieux, il lui donna sa fille.

Tout cela était bien, mais en être pratique, Mustapha qui savait parfaitement que son maître ne durerait pas longtemps, songeait au solide. Il se fit donner tout ce qu'il put pendant les quatre années que dura son influence; les évaluations les plus modérées estiment le total de ce qu'on lui donna ou qu'il prit à plus de *cent millions*.

Quand Si-Sadock mourut, il remit son sceau à son bon ami. On sait qu'en Orient, le sceau remplace la signature dans les actes officiels. On raconte au Bardo que pendant que le vieux Bey se débattait contre la mort, Mustapha posait sceau sur sceau sur les documents qui devaient lui donner des titres de propriétés. Si le bey avait agonisé quinze jours, Mustapha se serait approprié la Tunisie.

Le Bey actuel, le frère de Si-Sadock, est absolument convaincu que Mustapha a empoisonné son bienfaiteur. Il tient en réserve un dossier contenant les témoignages de gens qui affirment avoir vu Mustapha verser le poison, et dans une armoire secrète du palais de la Marsa on pourrait trouver un bocal dans lequel sont les intestins du pauvre Si-Sadock, prêts à paraître pour prouver que le malheureux Bey n'a pas été récompensé de ses bienfaits.

Ce Mustapha s'est réfugié en France, il y vit largement, comme on peut le penser, et comme on peut le penser encore, il s'occupe de politique. Il paraît même qu'il s'est rapidement familiarisé avec nos mœurs parlementaires, si rapidement même, qu'il faillit lui en arriver malheur.

Un beau jour, notre personnage débarqua à Tunis. Il se croyait suffisamment protégé parce

qu'il était accompagné, dans des conditions que
nous ignorons, d'ailleurs, par des personnages
qu'il croyait influents et parmi lesquels se trouvait un sénateur algérien.

Il paraît que Mustapha ne se doutait pas des
préventions ou des présomptions qui existaient
à son endroit. Il fut vite renseigné; et le courage,
comme on peut le supposer facilement, n'étant
pas sa vertu dominante, il fut bientôt en proie
à la terreur la plus profonde, se voyant à chaque
instant appréhendé au corps, emmené et exécuté
suivant les prescriptions les plus précises des
vengeances orientales.

Une expédition
nocturne

Il était arrivé dans la journée : à quatre heures,
il tremblait de tous ses membres ; à la nuit, il
fuyait dans la campagne accompagné de ses
tuteurs parlementaires, armés jusqu'aux molai-
res, mais qui n'étaient guère plus rassurés que
lui.

La petite bande, — nous n'osons pas dire
caravane, — cherchait un asile. Elle crut le
trouver dans une maison des environs de Tunis,
dont le maître avait vu tant de choses en ce
monde, qu'il ne fut même pas surpris de cette
visite insolite. Qu'advint-il? nous l'ignorons;
mais il faut croire que Mustapha en fut quitte
pour la peur, puisqu'il put partir sain et sauf.
Nous ne pensons pas que l'envie lui revienne

jamais de retourner en Tunisie tant que le Bey actuel conservera sa situation et ses droits de basse et haute justice.

Nous avions commencé ce chapitre avec l'intention de parler du gouvernement beylical.

Il nous semble que ce que nous pourrions en dire serait beaucoup moins explicite que ce que nous venons de raconter. C'est par les faits et non par les annuaires qu'on juge les administrations.

CHAPITRE V.

LE PAYS. — LA CÔTE. — LA GOULETTE, TUNIS,
MAHEDIA, GABÈS, L'INTÉRIEUR, KAIROUAN, LE
SUD. — LE DÉSERT.

La Tunisie   Nous avons raconté ce que nous avons vu de
la Tunisie, sous le rapport de ses productions,
de l'avenir de sa colonisation, de ses habitants
et de son gouvernement.

Qu'il nous soit permis de dire quelques mots
du pays lui-même. Nous n'avons la prétention ni
de remplacer un guide, ni de publier un traité
de géographie, mais il peut être utile cependant
de raconter ce que sont les choses et les lieux.

Presque tous les voyageurs qui arrivent en
Tunisie débarquent tout d'abord à Tunis, ou pour
mieux dire à la Goulette.

La Goulette   La Goulette n'est pas le port de Tunis, par
cette excellente raison que ce n'est pas un port

du tout. Seulement Tunis étant bâti à l'extrémité d'un lac et la Goulette se trouvant à l'autre
extrémité de ce même lac du côté de la mer, les
navires s'arrêtent en vue de la Goulette. Là ils
jettent l'ancre et des barques viennent chercher
les voyageurs et les marchandises pour les conduire à terre. La traversée dure une demi-heure
en moyenne, si le temps est passable ; le double,
si le temps n'est pas bon. Quand le temps est
résolûment mauvais, il faut parfois attendre une
journée avant de pouvoir faire le trajet. C'est
charmant.

La Goulette est un faubourg de Tunis. Il y a
beaucoup de cabarets, quelques maisons et des
établissements de bains de mer. A quelque distance se trouve un hôpital militaire francais. Si
on débarque un samedi, les rues sont pleines de
ces masses gélatineuses en culottes collantes et
en bonnet doré et pointu, qui représentent les
juives tunisiennes. On ne se figure pas à quel
degré d'horreur certains entraînements de nour-
riture et de repos peuvent réduire des femmes
qui, dans d'autres conditions, auraient peut-être
conservées des formes humaines, mais qui sont
réduites à n'être plus que des monstres hideux
qu'on ne voudrait même pas exhiber dans les
barraques de nos fêtes foraines.

La Goulette est réunie à Tunis par un chemin

de fer qui appartient à une compagnie italienne. On se souvient que cette voie ferrée acquit un jour une importance presque diplomatique. La France et l'Italie s'en disputaient la possession. L'Italie, ou peut-être seulement des Italiens, l'emportèrent. A en juger par le trafic, on peut se demander s'ils ont fait une bonne affaire.

Dans son trajet de la Goulette à Tunis, le chemin de fer fait un détour pour desservir la station de La Marsa, résidence du Bey et, en été, des riches Tunisiens, située au bord de la mer, dans un site boisé et charmant.

Il est d'usage en Tunisie que le Bey, quand il arrive au pouvoir, s'installe dans une autre résidence que celle qu'habitait son prédécesseur. Si-Sadock résidait au palais du Bardo, le Bey actuel habite La Marsa et ne se rend au Bardo qu'une fois par semaine pour y rendre la justice. Il vit là très tranquille avec son harem assez nombreux, dit-on, et ses enfants. A La Marsa habite également le cardinal Lavigerie qui a fait construire, à côté de sa maison, une résidence pour son coadjuteur à l'archevêché de Carthage, à l'endroit même où s'élevait la vieille ville phénicienne et à une petite distance du tombeau de saint Louis et du séminaire des Pères Blancs, les dévoués missionnaires du christianisme dans l'Afrique centrale.

Il faut trois quarts d'heure environ pour aller de la Goulette à Tunis. La gare de Tunis est située dans le nouveau quartier européen, dit de la Marine, et qui s'étend des anciens remparts de la ville aux bords de l'étang nauséabond et marécageux que suit la voie ferrée durant son parcours.

Le lac de Tunis est une sentine. Depuis des siècles les déjections de toute nature s'y sont accumulées de telle sorte qu'elles sont arrivées à le combler en partie. Sur certains points il n'a que quelques centimètres de profondeur et nulle part il ne pourrait porter un gros bateau. Sur ses bords se pressent des quantités innombrabl d'oiseaux d'eau, parmi lesquels on remarque les fameux flamands roses dont les gourmets romains faisaient tant de cas. Par de certains jours de chaleur il s'exhale de son sein des miasmes infects rappelant que ses profondeurs contiennent des quantités incommensurables d'immondices sans nom. Du fond de ce récipient pestilentiel, quarante siècles d'ordures vous asphyxient.

Trop d'auteurs ont fait connaître Tunis au point de vue pittoresque pour que dans un ouvrage qui n'a rien de descriptif nous voulions en faire le tableau. La ville ne renferme aucun monument moderne et les quelques constructions curieuses qu'on rencontre dans la portion habitée par les indigènes ressemblent à toutes celles que les voyageurs ont pu visiter en Algérie ou en Egypte. On assure que quelques mosquées sont intéressantes à étudier, mais l'entrée en est interdite aux *giaours*. L'ancien palais du souverain, le Dar el Bey, offre un certain aspect, et quelques casernes comme celle dite du « Premier Tunisien » occupée par le quatrième régiment de zouaves présentent une physionomie pittoresque.

Ce qui constitue le côté original de Tunis, c'est la partie commerçante de la ville, ce qu'on appelle les *Souk*.

Les Souk ou marchés sont à proprement parler un assemblage de boutiques rangées par nature de commerce. Dans un coin se trouvent tous les tailleurs, dans un autre, tous les marchands de checchias, dans un troisième, les fabricants de babouches, dans un quatrième, les bijoutiers, plus loin les marchands de selles et de brides. Enfin tous les commerces organisés en catégories comme il en était jadis dans nos villes européennes.

Il n'est qu'un seul commerce qui à Tunis n'ait pas de quartier spécial, un commerce qu'on rencontre partout, dans toutes les rues et pres-

que dans toutes les maisons, c'est celui des vieil-
les chaussures. Il semble que les souliers éculés,
les bottes martyres, les brodequins avariés se
soient donné rendez-vous dans la capitale de la
Tunisie. Des savetiers à faire rêver Goya les
prennent, les tournent, les retournent, les cou-
pent et les recoupent, ajoutant de petits bequets
à l'une, enlevant les talons ou les quartiers à
l'autre, feuilletant les semelles, ajustant un clou
ou une ficelle, se livrant à des travaux de patience et à des prodiges de combinaison. On ne
comprend pas en voyant tant de gens occupés à
rétamer les vieux souliers qu'il puisse y en avoir
qui gagnent leur vie à vendre de la chaussure
neuve.

Le plus curieux c'est que dans le peuple de la
ville et surtout celui de la campagne le plus
grand nombre marche ordinairement pieds nus.
Ceux qui sont chaussés ne le sont même qu'à
moitié. Ils portent ce qu'on nomme des babouches, c'est-à-dire des pantoufles sans quartier,
généralement trop larges et qu'un seul moment
de distraction fait divorcer d'avec le pied qui s'y
loge. C'est un spectacle curieux que de voir
marcher un Tunisien avec ses babouches, quand
il a plu deux jours de suite et que les rues sont
transformées en un marécage nauséabond et
poisseux dans lequel il faudrait des bottes

d'égoutier pour pouvoir circuler sans hésitation.

Ces souk représentent un véritable labyrinthe
dans lequel il faut absolument à l'étranger un
guide pour se reconnaître. Toutes ces petites
rues, larges de deux mètres cinquante environ,
criblées d'impasses, sont encombrées toute la
journée par une foule grouillante. A chaque pas
un âne infinitésimal portant sur son arrière-
train un cavalier qui pèse trois fois autant que
lui, s'avance en trottinant; une voiture du pays
attelée d'un mulet cherche à se frayer un passage ou quelque bédouin du sud marche grave-
ment suivi de son chameau à l'air stupide et
lance à chaque tournant l'exclamation gutturale
barr' hah pour se faire ouvrir un passage.

Et sur tout cela un soleil resplendissant qui
dore si bien ce qu'il éclaire que les masures vous
semblent pittoresques et les haillons à vermine
font encore certaine figure. Si par hasard, au
détour de quelque rue sombre, vous voyez appa-
raître, scintillant sous la lumière, le portail
de quelque mosquée, vous vous sentez bien
dans un pays musulman et vous rêvez à l'Orient
quand un petit soldat en pantalon rouge, portant à la main une pile de gamelles, vient vous
arracher à l'idéal pour vous rappeler à la
réalité.

Ce qui est plus réaliste que tout le reste, c'est l'affreuse puanteur qui règne partout, qui domine partout, dans la vieille ville encore moins que dans la nouvelle, mais il faut déjà avoir l'odorat acclimaté pour faire la différence. De chaque bouche d'égout ou soi-disant telle, s'élève une vapeur terrible telle que jamais on n'en a senti la pareille en Europe et qu'on pense n'en jamais rencontrer de semblable avant d'être allé à Kairouan. Cette odeur est quasi visible, elle obscurcit le ciel, elle est presque sensible, elle pèse sur vos épaules, elle corrode tout ; dans certains quartiers, vers les bords du lac, on ne peut pas conserver de l'argenterie ; sous l'influence constante de l'acide sulphydrique qui se dégage de cette masse d'ordures, elle se couvre d'une patine noire qui résiste à tous les nettoyages.

Cette odeur est telle qu'elle domine les parfums. Dans le *Souk el Attarin*, où se vendent les essences et dans lequel les marchands vous donnent, sous des noms divers et à des prix variés, l'éternelle essence de Géranium qui constitue la base de tous leurs produits; l'odeur terrible efface toutes les autres, les écrase et ne se mélange à elles que pour former un ensemble encore plus épouvantable. On resterait cependant de longues heures dans ce souk des essences à voir les marchands, en général de beaux

jeunes gens richement vêtus, d'une propreté
exquise, accroupis dans leurs petites boutiques
garnies de tapis, bourrées de flacons et devant
lesquelles sont de grands bassins de cuivre
pleins de feuilles de henné pour la teinture des
ongles et de la paume de la main chez les femmes. Vous vous approchez, ils débouchent toutes
leurs petites fioles et vous les présentent
avec un sourire. Quand, après en avoir senti
une douzaine, incapable de distinguer l'ammo-
niaque du patchouli, vous vous décidez à faire
un choix, le marchand, toujours souriant,
abandonne un instant sa cigarette, prend une
petite pipette en verre dans laquelle il aspire
quelques gouttes de sa mixture, les fait couler
dans un petit flacon de cristal doré fabriqué en
Allemagne, bouche, cachette avec de la cire
d'Espagne, enveloppe, recachette, et vous tend
le paquet avec un nouveau sourire, en pronon-
çant quelques mots inintelligibles. « C'est cinq
francs » traduit votre interprète : vous payez et
vous vous sauvez ahuri et presque grisé par ces
odeurs violentes mêlées à cette odeur générale
qui rappelle singulièrement celle d'un hôpital de
cholériques.

Ces petits magasins où se tiennent les marchands des Souk n'occupent pas vingt mètres
carrés. Leur loyer est, paraît-il, très cher ; les

riches Tunisiens auxquels ils appartiennent les louent à la semaine et se font payer rigoureusement. Aussi, dans cet étroit espace le marchand y installe tout ce qu'il possède, ses marchandises et sa famille, ses provisions et ses enfants. Il y mange, il y couche, il s'y incruste, et si le quartier ne brûle pas, son commerce s'y perpétuera jusqu'au jugement dernier.

En dehors de ces magasins, qui ont surtout de l'Orient la décoration extérieure et les allures du négociant, on ne voit dans la plupart des boutiques où se vendent les objets usuels que des rebuts de l'industrie européenne. Je ne crois pas que nos produits soient de nature à tenter beaucoup des gens qui n'ont pas les mêmes besoins que nous et auxquels nous ne sommes encore arrivés, en fait de vices, à inculquer que l'ivrognerie. Mais, à coup sûr, ce ne sont pas les produits européens qu'on trouve dans les magasins de Tunis qui doivent donner aux habitants une haute opinion des manufactures européennes. Enfin, peut-être tout cela changera-t-il par la suite des temps.

Mais nous ne voulons ni ne pourrions faire un tableau pittoresque de Tunis et de ses environs. Le cadre de notre travail ne comporte pas autant de détails, et d'ailleurs la description de Tunis a été faite et trop bien faite pour que nous puissions y revenir. Bornons-nous à ce que nous venons de raconter, emportés un peu par le souvenir de nos impressions, et considérons l'ensemble du pays.

On peut diviser la Tunisie en trois parties bien distinctes : les côtes, l'intérieur de la Régence et le désert qui est particulièrement au sud, bien que dans l'intérieur il y ait de vastes espaces qui puissent parfaitement être qualifiés de déserts et que les Arabes appellent *fiafi*, c'est-à-dire le désert habitable par opposition au désert *khela* qui ne peut être que traversé.

La côte   La côte tunisienne ne compte qu'un port important, et ce port n'existe pas ; c'est celui de Bizerte. Le jour où le gouvernement français aura compris que les colonies ont fait leur temps pour les puissances européennes, il mettra tous ses soins et tout notre argent à améliorer la France africaine. Ce jour-là il établira à Bizerte un port qui sera le premier de l'Afrique, dans lequel notre flotte militaire sera à l'aise et en sûreté et, avec un port à Carthage pour le service de Tunis, il aura assuré la prospérité de toute la côte septentrionale de la Tunisie.

Nous ne voulons même pas examiner ici le projet de créer un chenal dans la mer d'ordures au bout de laquelle est bâti Tunis, afin de créer un port devant la ville. Pour mettre ce projet à néant, il suffira d'insérer dans le cahier des charges une clause obligeant les entrepreneurs et les ingénieurs à résider sur les lieux mêmes pendant la durée des travaux. Au bout de deux mois il ne resterait plus personne, ceux qui auraient échappé à la mort se seraient enfuis.

Sur la côte orientale, les villes principales sont Sousse, Monastir, Mahédia, Sfax, Gabès et Djerbah qui est le point *terminus* des échelles de la Tunisie.

Ces villes sont appelées à devenir plus tard des centres de commerce importants. Pour cela il faut deux choses. La première, nous l'avons déjà fait connaître, c'est une administration intelligente ; la seconde, ce sont des travaux qui permettent aux navires d'aborder. .

La première de ces deux considérations arrivera quand il plaira à Dieu. Cette formule musulmane est certainement la seule qu'on puisse employer en cette circonstance, et nous ne pouvons que souhaiter que cette heureuse chance se réalise promptement.

La seconde viendra peut-être plus tôt que la première. L'administration des ponts et chaussées et celle de la marine font exécuter des travaux importants. Bien que ces travaux soient conduits avec la sage lenteur qui caractérise les œuvres de ce genre, on peut espérer les voir terminés dans un délai relativement rapproché, et on verra quelles en seront les conséquences bienfaisantes.

Pour le moment, l'abordage n'est pas plus facile dans les ports que nous venons de citer qu'à la Goulette. La plupart du temps, les bâtiments à vapeur sont obligés de mouiller à des distances considérables de la côte, et on peut juger des difficultés matérielles et des dépenses considérables qu'entraînent, dans de pareilles conditions, l'embarquement et le débarquement des marchandises et même des passagers.

Sousse   C'est un spectacle vraiment charmant que présente l'arrivée par mer, dans une ville arabe comme Sousse, par exemple. Une masse de maisons d'une blancheur éclatante, entourée de vieux remparts crénelés aussi blancs que les maisons ; parmi les minarets quelques palmiers tranchent vivement sur un fond éclatant, et tout autour de la ville des masses d'oliviers au feuillage vigoureux font ressortir les teintes crues des premiers plans.

Une fois débarqués, l'impression n'est plus aussi favorable. Les maisons sont bien toujours blanches à l'extérieur, mais l'intérieur est atrocement sale ; les rues sont impraticables et pleines d'ordures, la poussière s'il fait beau, la boue s'il fait mauvais, y rendent la circulation difficile, partout des mares fétides et une odeur désagréable. Sousse, comme Sfax, comme Gabès, est seulement d'un grand effet décoratif. Une autre raison, qui n'est peut-être pas sans avoir quelque influence sur les impressions des voyageurs, est que l'unique hôtel qu'on y trouve ne rappelle pas, même de très loin, le confortable des hôtels suisses, et nous estimons que ce serait une grave imprudence pour un jeune ménage d'aller passer sa lune de miel en Tunisie.

Cependant, comme nous l'avons dit dans un chapitre précédent, Sousse est une ville appelée à un brillant avenir, si les évènements politiques n'y mettent pas obstacle. Son commerce en grains et en huile, prend chaque jour une extension plus considérable. L'industrie a des tendances à s'y porter et cette ville, qui est déjà le port le plus important de la Tunisie, deviendra, dans quelques années, une place de premier ordre pour le commerce d'exportation.

La garnison de Sousse est installée en dehors des remparts, dans un camp dont les baraques s'alignent sur un petit mamelon qui domine la mer. Ce camp est occupé par des tirailleurs algériens, dont l'élégant uniforme s'allie d'une façon parfaite avec l'ensemble du paysage et présente une perspective infiniment pittoresque.

Sousse est réuni à l'intérieur, c'est-à-dire à

Kairouan, comme nous l'avons déjà dit, par un petit chemin de fer à traction de chevaux organisé par le grand constructeur de ces sortes de voies de communication, M. Decauville.

Aux premiers jours de l'occupation, quand les journaux annoncèrent en France que le gouvernement organisait en Tunisie un chemin de fer Decauville, ce fut un succès d'hilarité. Comme les gens qui en parlaient n'avaient pas la moindre notion du pays, ils eurent beau jeu pour s'amuser en entassant leurs fantaisies sur des hypothèses. Quel que soit l'esprit ou ce qu'on appelle ainsi, qui a été dépensé à cette occasion, nous devons reconnaître que les plaisantins avaient tort, que l'idée était bonne et qu'elle rendra certainement plus tard de grands services par l'exemple qu'elle a donné. C'est chose rare en France, sous tous les régimes, que l'administration, cette impeccable routinière, ait une idée neuve et pratique, aussi sommes-nous heureux de constater, en cette occurence, une exception, qui en Tunisie plus qu'ailleurs est confirmée par la règle, selon les formules de la grammaire.

Malheureusement, car comme dans les *Faux Bonshommes*, il y a toujours un « malheureusement », ce petit chemin de fer ne rend pas tous les services qu'on en pourrait attendre. Il fonc-

tionne bien, est convenablement entretenu, mais
comme il se trouve sous la direction absolue du
Génie militaire, il reste exclusivement affecté au
service de l'armée et des quelques personnes
que l'autorité militaire admet à y prendre place.
Il faut rendre cette justice à la dite autorité en
constatant qu'elle fait toujours preuve en cette
occasion d'une générosité et d'une obligeance
sans bornes, mais tout en lui reconnaissant des
qualités que moins que personne nous aurions le
droit de contester, il nous sera permis d'exprimer le désir qu'un jour vienne où, sous sa haute
surveillance, le tramway de Sousse à Kairouan
puisse être livré au public avec la garantie d'un
service régulier. Il ne faut pas oublier que le
mot régulier est pris dans son acceptation tunisienne, qui n'est pas tout à fait la même que celle
que l'on entend habituellement en France.

Tel qu'il est, ce petit chemin de fer rend de
très grands services. Il est mené en poste par
deux chevaux du train qui tirent sans trop de
fatigue une sorte de wagon américain couvert
et garni sur les côtés d'épais rideaux de toile,
que le Génie militaire a baptisé du nom de plate-
forme. Il y a quatre relais de Sousse à Kairouan.
Le plus important est à Sidi el Hani où est installé un poste de chasseurs d'Afrique placé au
milieu du désert, mais d'un désert qui se trans-

*De Sousse à
Kairouan*

formera quelque jour en une véritable Beauce afiicaine, à quelques centaines de mètres de la Sebkha de Sidi el Hani.

Les Chott Le mot *Sebkha* a en Tunisie la même signification que celui de *Chott,* beaucoup plus connu en France et en Algérie. Les Chott ou Sebkha sont des lacs salés à demi-comblés par les sables du désert apportés par le vent et qui occupent une partie considérable de la limite du désert réel, du *Ghoud,* sur les terrains habitables, au sud de la Tunisie et de l'Algérie orientale.

Depuis Virlet d'Aoust qui, vers 1845, devançant de quarante ans le commandant Roudaire, avait songé à faire un lac du Sahara, on a fait beaucoup d'hypothèses sur les Chott. Nous ne les rééditerons pas et surtout nous n'en ajouterons pas de nouvelles. Nous nous bornerons à émettre le vœu que les gens qui veulent écrire à ce sujet, se croient obligés d'aller passer seulement un mois dans le pays. Tout le monde y gagnera. Ils en sauront davantage et parleront moins.

La *Sebkha* de Sidi el Hani est d'une étendue considérable, mais elle n'a pas l'importance du grand chott du sud, le *Chott el Djerid* qui servait autrefois au passage des caravanes et qui conserve dans son sein, outre des trésors incon-

nus, le secret de drames dont personne n'est
venu révéler les détails.

Ce chott qui s'étend de Kris à Fetuassa tire
son nom d'une habitude des guides qui y conduisent les voyageurs. Pour retrouver leur chemin sur la croûte de sel et de sable durci en
dehors de laquelle se trouve un abîme dont on
ne connaît souvent pas la profondeur, ces guides
marquent la route [par des cailloux ou des morceaux de bois. Or, les branches de dattier se
nomment *djerid* en arabe et c'est de cet usage
que vient le nom du chott.

Il est arrivé souvent qu'en suivant ces routes
étroites, tracées entre deux morts et qui n'ont
parfois que quelques décimètres de large, des
caravanes entières ont disparu. On le comprendra quand on saura que dans ces passages diffi-
ciles les chameaux déjà habitués d'ailleurs à se
suivre en ligne exacte sont attachés les uns aux
autres et marchent en aveugles sans s'inquiéter
des obstacles.

Quand un chameau est perdu, toute la caravane est perdue dans ces passages terribles où
les musulmans ne s'aventurent jamais sans avoir
invoqué l'aide de Dieu et récité la sainte Fatha,
le premier chapitre du Koran qu'ils appellent
El-Sourat el Kafiyé, celui qui peut au besoin
remplacer tous les autres et qui est ainsi conçu :

« Louange à Dieu, maître de l'univers, le clément, le miséricordieux,

« Souverain au jour du jugement,

« C'est toi que nous adorons ; c'est toi dont nous implorons l'assistance.

« Dirige-nous dans le droit sentier,

« Dans le sentier que tu as éclairé,

« Et non dans celui de ceux qui ont encouru ta colère ni de ceux qui s'égarent.

« Amen. »

C'est un spectacle solennel que celui qu'offrent tous ces hommes s'agenouillant avant de traverser un péril suprême pour invoquer l'appui du Créateur. Cette foi persistante et qui ne craint jamais de s'affirmer chez les musulmans nous paraît avoir été un peu trop traitée de quantité négligeable par les Européens sceptiques. Dieu veuille que l'avenir ne nous réserve pas quelque leçon à ce sujet.

Aujourd'hui les caravanes ne traversent plus le Chott el Djerid, les déprédations des Touaregs et les modifications apportées au commerce intérieur qui s'est divisé dans ses directions vers le Maroc et la Tripolitaine ont changé les itinéraires des convois de marchandises.

Mais nous voilà bien loin de la Sebkha de Sidi et Hani et du chemin de fer Decauville : revenons à l'un et à l'autre pour faire observer la sensation singulière qu'éprouve un étranger au milieu de cette plaine, plate comme la mer, terminée comme elle de tous côtés par une ligne d'horizon nettement tranchée et sur laquelle on n'aperçoit rien, mais rien, à dix centimètres audessus du sol. Si jamais quelque disciple du pessimisme allemand veut remplir son âme de l'impression de la solitude et du néant, il n'a qu'à aller se promener de ce côté.

Kairouan est la ville la plus complètement indigène de la Tunisie. On assure que même étant donné l'occupation française, c'est encore aujourd'hui, sauf peut-être dans le Maroc, la ville qui donne le plus absolument l'impression d'une ville musulmane africaine.

Les voisins des Normands appellent la ville de Rouen le pot de chambre de la Normandie. Kairouan pourrait disputer à la vieille ville de Rollon cette épithète peu avantageuse et, que le lecteur nous pardonne d'entrer dans ces détails, si la comparaison doit être prise au pied de la lettre, Kairouan a toutes les raisons possibles d'accaparer le monopole du qualificatif.

Kairouan était autrefois la métropole de l'Islam en Tunisie ; elle compte encore 26 mosquées et 55 *zaouia* ou écoles religieuses dans lesquelles on apprend aux enfants et aux fidèles non seulement la lecture, l'écriture et le texte des livres saints, mais aussi les doctrines qui doivent mener l'homme dans le sentier de la sagesse et le faire devenir *soufi* c'est-à-dire saint.

Cette abondance d'écoles dirigées naturellement par des maîtres qui, s'ils sont d'accord sur les principes, sont fort divisés sur les détails, a fait de Kairouan une ville savante, universitaire, théologique ou pour mieux dire scholastique.

Les querelles entre les différentes écoles et aussi entre les différents professeurs sont si ardentes dans ce monde spécial que Kairouan qui, si l'on s'en rapportait au nombre de ses mosquées et à la ferveur de ses fidèles, devrait être le foyer du fanatisme en Tunisie, est au contraire une ville assez tolérante.

Comme il arrive souvent, les haines de famille absorbent tout le fiel de ceux qui les éprouvent, et les musulmans de telle ou telle école religieuse à Kairouan détestent peut-être moins les roumis (chrétiens) que ceux de leurs coreligionnaires qui interprètent d'une autre façon que la leur, tel ou tel passage du livre saint ou d'un de ses innombrables commentateurs.

Les deux principales mosquées de Kairouan sont : la grande mosquée *Djama el Kebir* et la mosquée du Compagnon‘ *Djama Sidi Ec-Ashab,*

que l'on appelle plus ordinairement la mosquée
du Barbier. Cette dernière est située en dehors
des remparts crénelés construits en briques, qui
servent d'enceinte à la ville

Cette mosquée du Compagnon a été, selon la
tradition, bâtie par l'un des compagnons du prophète, Sidi el Ouaïl qui y est enterré. D'après
une tradition, elle renferme également une
partie de la barbe de Mahomet. C'est un
monument curieux, orné de belles plaques de
marbre travaillées à la mauresque, de belles
portes en bois avec des peintures sortant évi-
demment du pinceau d'artistes italiens, et de
colonnes modernes en marbre blanc.

Bien qu'en cela nous ne soyons pas d'accord
avec tous les voyageurs, la grande mosquée a,
selon nous, un caractère beaucoup plus imposant
que la mosquée du Compagnon. Son immense
cour a un cloître soutenu par 600 colonnes de marbre empruntées pour les 99 centiè-
mes aux anciens temples romains et est dominée
par un minaret gigantesque, du haut duquel on
découvre la ville et la plaine immense qui l'en-
toure. De son balcon les muezzin crient l'heure
de la prière, tenant à la main un immense dra-
peau rouge et envoyant aux quatre coins de
l'horizon leur invocation *Ha illa Allah oua
Mohammed rassoul Allah* qui se répète au même

instant dans tout le monde musulman, depuis la Chine jusqu'à l'Océan atlantique, et depuis Kashgar jusqu'au centre du Continent Mystérieux.

Les mosquées de Kairouan sont les seules de la Tunisie où puissent pénétrer les chrétiens. Il ne faut pour cela qu'une autorisation écrite du commandant supérieur français. Cette faveur spéciale est due à deux causes.

La première, c'est que lors de l'occupation de Kairouan par la colonne qui s'en empara, le commandant en chef, vu la pénurie de logement pour ses hommes et particulièrement pour ses malades, décida, de par la nécessité, que les mosquées seraient mises à sa disposition. Le pli fut pris et depuis les chrétiens ont pu y pénétrer.

Le second, c'est que, comme nous l'avons dit, Kairouan est une ville d'un fanatisme intérieur, s'il est permis de s'exprimer ainsi, c'est-à-dire s'exerçant davantage encore entre fidèles de la même religion qu'à l'égard des étrangers.

A ce sujet, rappelons un fait peu connu. Dans le courant du siècle dernier, Kairouan étant devenu le centre d'une révolte contre l'autorité d'un bey de Tunis, celui-ci dirigea contre la ville une expédition, s'en empara et naturellement en fit le sac. Parmi les évènements spéciaux qui signalèrent ce moment pénible pour les habitants des deux sexes, on remarqua particulièrement une orgie gigantesque que s'offrit l'armée beylicale dans la Djama' el Kebir. Cet évènement a laissé des souvenirs et chaque année, le jour de son anniversaire, les femmes de Kairouan — moins les juives — sont admises dans la mosquée, y apportent des friandises et le souvenir d'un moment qui dut être pénible pour leurs arrières grand'mères, s'efface sous l'impression d'une allégresse générale.

On sait que quand les musulmans entrent dans une mosquée, ils quittent leurs chaussures ; ce cérémonial est évité aux visiteurs chrétiens des mosquées de Kairouan. Seulement, voici comment on tourne la difficulté. Dans la salle des prières, le sol est couvert de nattes sur lesquelles s'agenouillent les fidèles ; quand un chrétien passe, un enfant marche devant lui, relevant les nattes pour que son talon ne frappe que sur le marbre sonore. C'est la seule et bien minime concession que les musulmans de Kairouan exigent en faveur de leurs habitudes religieuses.

Quand nous avons parlé de Tunis, nous avons insisté sur ce fait spécial qu'il régnait dans cette ville une odeur particulièrement désagréable. Ce que nous avons dit de Tunis peut s'appliquer à Kairouan, mais en le multipliant par dix, sinon par cent. Qu'il nous soit permis de donner à ce sujet quelques détails, mais nous prévenons les gens à estomac délicat, qu'ils feront bien de passer sans le lire ce passage trop véridique de notre récit.

Kairouan, nous l'avons dit, est bâti dans un bas-fond. Il en résulte une impossibilité matérielle d'y établir un système d'égoûts quelconque.

Dans ces conditions, chaque matin, des âniers parcourent la ville, entassant dans des couffins en sparterie les résidus de toute nature, y compris ceux que l'on n'a pas pu jeter par la fenêtre pendant la nuit. Ils emportent leur chargement en dehors des murailles où ils vont le déposer à deux ou trois cents mètres des remparts.

Petit poisson deviendra grand, dit un proverbe qui a pu s'appliquer jadis aux pyramides d'ordures que confectionnent ainsi les âniers de Kairouan. La ville est environnée aujourd'hui d'une soixantaine de collines, d'une hauteur moyenne de quinze à dix-huit mètres, sur soixante de long et vingt de large à la base, uniquement composée des résidus dont nous parlons.

Ceci est bien, mais ceci n'est rien. Il y a mieux, et le mieux est ce qu'on va lire.

Kairouan était autrefois considérée comme la ville sainte de la Tunisie. Cette réputation n'existe plus aujourd'hui pour les musulmans au

courant des variations de la sainteté en ce qui
concerne les villes ; mais elle a toujours une
importance considérable dans les populations
des douars et des tentes.

Or, pour ces populations comme pour les Hin-
dous qui tiennent à être précipités après leur
mort dans le fleuve sacré ; le fait d'une inhuma-
tion à Kairouan est, d'après eux, presque une
garantie d'aller promptement dans le paradis
d'Allah, où du pied de l'arbre Toubah sort le
fleuve divin dont les flots sont de café, de vin,
de lait ou de miel liquide, ce qui doit faire un
mélange aussi sirupeux que désagréable.

Dans ces conditions, les Tunisiens tiennent à
se faire enterrer à Kairouan, et pour cela, leurs
familles ont recours à toutes les ruses. Beaucoup des corps apportés du dehors sont enterrés
dans les cours des maisons ; mais cette pratique,
difficile depuis l'occupation française, n'est pos-
sile que pour ceux qui ont des parents ou des
amis dans la ville. Pour les autres, voici ce qui
se passe.

Les corps sont apportés, souvent de très loin,
et inhumés dans les collines immondes dont
nous avons parlé plus haut. On sait que les
Arabes enterrent leurs morts sans cercueils et
à une très petite profondeur. On peut déjà se
rendre compte du résultat. Mais il y a mieux,

les chacals qui sont assez nombreux dans les massifs de cactus autour de Kairouan viennent la nuit, grattent le fumier et dévorent une partie des corps. Le lendemain, les âniers recouvrent le trou comme si rien n'était.

Or, dans les mois d'octobre, de novembre et de décembre, Kairouan, comme toute cette plaine sans arbres qui constitue le centre de la Tunisie, est soumise à la saison des pluies. Les pluies sont tout simplement diluviennes. En une nuit, il tombe cinq ou six centimètres d'eau. Cette eau détrempe les collines dont nous avons parlé, s'imprègne de leur contenu, et il en sort des flots jaunâtres, bourbeux, pestilentiels, qui roulent leurs eaux nauséabondes le long des remparts de la ville. Que la pluie s'arrête, le soleil reparaît, pompe l'eau, et il reste un bourbier infect, sorte de bouillon innommable d'où s'échappent des vapeurs mortelles.

Comment s'étonner, après cela, que la garnison de Kairouan soit fatale à nos pauvres soldats. Le premier cimetière qu'on y a créé a été bien vite insuffisant. Il a fallu en organiser un second et avant qu'il soit longtemps, l'administration se verra dans la nécessité d'en préparer un troisième. Nous n'insisterons pas davantage, mais on comprendra que devant une situation semblable, l'ouverture d'un cimetière peut paraître une mesure de précaution qu'on peut sans exagération taxer d'insuffisante.

La garnison de Kairouan est peu nombreuse. Elle s'élève à trois ou quatre cents hommes au plus. Ce chiffre peut sembler dérisoire, mais il est cependant suffisant en temps ordinaire, d'autant plus qu'au moyen du télégraphe optique, Kairouan correspond avec Zaghouan et Tunis, et qu'en cas d'événements imprévus les autorités supérieures militaires seraient immédiatement prévenues, alors même que le fil télégraphique qui relie Kairouan à Sousse serait intercepté.

Mais nous avons à Kairouan un et même deux ôtages qui nous garantissent une certaine somme de tranquillité, ce sont les djema', ou mosquées. Les Arabes savent parfaitement qu'à la moindre tentative de soulèvement, ces édifices religieux, pour lesquels ils professent la plus profonde vénération, seraient mis en morceaux par l'artillerie de la Kasbah et ils se tiennent tranquilles.

D'ailleurs les Tunisiens, même les plus hostiles aux chrétiens, prennent assez philosophiquement leur parti de l'occupation. Ils sont persuadés, d'après diverses prophéties, que notre séjour en Tunisie doit durer un certain nombre d'années. Les plus résignés parlent de cinquante ans. Pendant ce temps, nous remettrons toutes choses en bon état, le pays redeviendra riche, et quand nous serons obligés de repartir, les fidèles croyants recevront le prix de leur patience et de leur soumission à la volonté d'Allah.

Il ne faut pas croire, cependant, que ces hommes en apparence résignés, se désintéressent de ce qui se passe en Europe.

Il est peu de pays où les agences télégraphiques aient plus d'abonnés, et rien ne se produit de l'autre côté de la Méditerranée qui ne soit discuté, pesé et apprécié parmi les chefs tunisiens.

Nous nous trouvions un jour en visite chez le commandant d'un poste important de l'intérieur. Au cours de la conversation, nous lui demandions s'il avait reçu son courrier télégraphique et s'il s'était produit quelque mouvement important dans cette Europe dont nous étions si éloignés.

— Je n'ai rien reçu, nous dit-il, mais je suis sûr cependant qu'il ne s'est produit aucun événement grave.

— Comment cela ?

— Parce que mon bureau d'informations, dont je viens de recevoir le rapport, ne me signale aucune agitation dans les tribus. S'il était arrivé quelque chose, les Arabes le sauraient avant nous.

Nous reproduisons cette conversation sans l'accompagner d'aucun commentaire, nous bornant à en affirmer l'exactitude textuelle. Nous pensons cependant qu'elle peut servir à faire connaître un ordre de choses dont peu de personnes se doutent en France, même dans l'administration.

Au sud des Sebkas s'étend le Désert. Nous n'avons pas la prétention d'en donner la description. Disons seulement que l'idée qu'on s'en fait généralement en France n'est pas absolument exacte et les immenses plaines de sable ne constituent pas à elles seules le Sahara.

Le Désert

Aussi le nom générique de désert dont se servent les Européens n'a-t-il pas de signification pour les indigènes. Ils ont des qualificatifs spéciaux pour désigner les différentes parties du *Sahel* qui s'étend du Nil à l'océan atlantique.

Dans cet espace immense qui compte peut-être 120,000 lieues carrés, l'Arabe distingue les forêts, *Choba ;* les terrains rocailleux, *Sérir ;* les montagnes, *Djebel* ou *Nedjed* et les sables mouvants, *Ghoud*, la partie la plus dangereuse et la plus redoutée des voyageurs. C'est dans cette partie du désert qu'on rencontre parfois les squelettes de toute une caravane morte de soif. Ce sont des montagnes de sable fin, obéissant comme des flots aux vents du désert. Dans les ravins qui séparent ces dunes mouvantes on ne trouve aucun être animé sauf quelques vipères, quelques scorpions et des puces énormes à côté desquelles celles même de nos glaciers des Alpes, que Toppfer a appelé le grand kangourou, ne sont que des réductions de puces par un procédé Collas quelconque.

Et cependant les anciens ont parcouru ces lieux désolés. Ils sont allés d'Alexandrie au Sénégal et ont pénétré dans l'intérieur de l'Afrique plus loin que nos expéditions n'ont pu le faire. Non seulement ils ont laissé des traces de leur passage par ces ruines, ces *Ksours*, qu'on trouve encore et dont quelques-uns sont de véritables châteaux forts, mais ils ont conservé les observations de leurs voyages et on retrouve dans les tables de Ptolémée l'indication des itinéraires qu'ils suivaient. Comme la nature change moins que l'homme, ces itinéraires deviendront le jour où on saura s'en servir une source précieuse d'indications et, comme l'a fort bien dit le professeur Berlioux dans ses intéressants travaux sur cette question, permettront de trouver par le nord les accès du continent mystérieux que les Stanley, les Livingstone et les de Brazza ont abordé par le sud, l'ouest et l'occident.

DEUXIÈME PARTIE

DEUXIÈME PARTIE

LE CHRISTIANISME ET L'ISLAM

DANS L'AFRIQUE SEPTENTRIONALE

CHAPITRE PREMIER

L'ISLAM. — LES CONFRÉRIES RELIGIEUSES

Nous ne voudrions pas paraître prétendre avoir découvert l'Islam, mais ce n'est pas, croyons-nous, émettre une opinion exagérée que de dire que l'Islamisme est peu connu de la généralité des Européens et des Français en particulier.

Quand on a dit de l'Islamisme qu'il était synonyme d'abrutissement, de sensualisme et de fatalisme on croit avoir tout dit. C'est juger bien vite et hâtons-nous d'ajouter, c'est mal juger.

Le savant Maracci qui a publié en 1668 une traduction latine et une réfutation du Koran disait que Mahomet avait pris dans la religion chré-

tienne ce qu'il avait pu et que son œuvre corres-
pondait à « tout ce qui nous paraît de plus con-
forme à la loi et la lumière de la nature. »

Sans aller aussi loin qu'un homme que le fait
même d'avoir refuté les doctrines musulmanes
ne doit pourtant pas rendre suspect, il n'est
pas moins vrai que sauf quelques rares personnes
qui se sont donné la peine d'étudier la chose de
près, la plupart de ceux qui attaquent violemment
l'Islamisme n'en connaissent à peu près rien.

Les travaux récents des orientalistes et surtout les traductions des livres religieux des Arabes ont fait naître à ce sujet une sorte de réac-
tion. Nous n'avons pas l'intention de faire une
œuvre de polémique, nous voulons simplement
donner quelques renseignements sur une question dont l'importance ne nous paraît pas suffisamment appréciée. Nous n'entrerons donc dans
aucune discussion de doctrine, nous nous bornerons à exposer des fait précis et acceptés.

L'idée principale de l'Islam n'est pas, comme
on le pense généralement, une idée d'intolérance
et de fanatisme, c'est simplement l'idée théocratique.

Tous les musulmans sont religieux, et par religieux nous entendons dire qu'ils sont des
croyants dans l'acception la plus complète de
ce mot.

Pour eux, aujourd'hui comme aux premiers temps de l'Islam, le gouvernement n'a jamais dû être que théocratique. Comme le fait justement observer M. Rinn dans son bel ouvrage *Marabouts et Khouan* auquel nous ferons de nombreux emprunts dans le courant de cette étude , « les premiers souverains musulmans n'étaient ni princes, ni rois, ni chefs, ni juges, ils étaient *prêtres* et eux-mêmes se nommaient pontifes et vicaires du Prophète. »

Cette théorie qui menait tout droit à celle de l'*Imamat universel*, c'est-à-dire le gouvernement du monde par le « Khalifa » du prophète, n'a pas cessé d'être celle du monde musulman et elle est aussi vivace aujourd'hui qu'aux premiers jours.

L'Imamat universel

On n'en préconise pas d'autre dans tous les livres religieux des commentateurs, et l'un des catéchismes les plus répandus et les plus appréciés de l'Islam, dû à la plume de l'iman Nedjem Ed-din-Nessafi, qui a réduit en cinquante-huit articles les dogmes fondamentaux de la religion, la formule en ces termes:

Les musulmans doivent être gouvernés par un Iman qui ait le droit et l'autorité :

de veiller à l'observation des préceptes de la loi,

de faire exécuter les peines légales,

de défendre les frontières,

de lever les armées,

de percevoir les dîmes fiscales,

de réprimer les rebelles et les brigands.

de célébrer la prière publique du vendredi et les fêtes du Baïram,

de juger les citoyens,

de vider les différents qui s'élèvent entre les sujets,

d'admettre les preuves juridiques dans les causes litigieuses,

de marier les enfants mineurs de l'un et de l'autre sexe qui manquent de tuteurs naturels,

de procéder enfin au partage du butin légal.

Les préceptes   Cette théorie professée par tous les docteurs musulmans est d'ailleurs en parfaite concordance avec le Koran lui-même qui dit (IV, 62): « Soyez soumis à Dieu, au Prophète et à celui d'entre vous qui exerce l'autorité suprême. » Personne dans l'Islam n'a jamais osé se prononcer contre une affirmation du Koran, qu'en arabe on appelle aussi *El Kitab*, le Livre, c'est-à-dire le livre par excellence et qui renferme la loi civile, criminelle et politique.

Avant d'entrer dans l'examen des idées religieuses et politiques qui ont donné naissance aux ordres religieux, rappelons brièvement que la religion musulmane, essentiellement monothéiste, repose sur la croyance aux trois livres révélés, la Bible, l'Evangile et le Koran. Elle comporte deux grandes divisions : les Sunnites et les Chiites, sans compter les hérétiques comme les Ouahabites et les Mozabites.

Nous ne nous occuperons ici que des Sunnites qui forment l'immense majorité des musulmans d'Afrique et dans le sein duquel on compte quatre rites orthodoxes ne différant entre eux que sur des points sans importance réelle, le rite *Malekite*, le rite *Hanefite*, le rite *Chafeite* et le rite *Hanebalite*.

En Algérie et dans le peuple tunisien le rite dominant est le rite malekite. Le Bey de Tunis et en général tous les descendants des Turcs, suivent le rite hanéfite qui est presque spécial aux Ottomans.

Le rite chaféite est suivi en Egypte et dans une partie de l'Arabie, le rite hanébalite ne compte guère de sectateurs que dans les Indes et la Chine.

Le clergé musulman se divise en clergé officiel et en clergé indépendant. Nous laisserons de côté dans ce travail le rôle du clergé officiel, chargé simplement de l'entretien des mosquées et du service du culte. Ce rôle est assez effacé d'ailleurs et l'influence des *Mofti* et des *Iman* est sans aucune portée sur les membres des confréries religieuses.

Le clergé indépendant se subdivise lui-même

Le Clergé musulman

en deux catégories, celle qui n'appartient à aucune congrégation et celle qui relève des chefs des confréries.

Les premiers sont connus sous le nom de marabouts du mot arabe *mérâboh* (religieux). Il en est de toutes les classes, depuis le marabout de grande famille qui jouit d'une influence considérable jusqu'aux pauvres diables qui vivent de la charité publique et s'abritent comme ils peuvent près des tombeaux vénérés de leurs ancêtres.

Les Zaouia La qualité de marabout est, en effet, une sorte de noblesse religieuse qui ne s'acquiert que par droit de naissance. Il en résulte que des tribus entières sont composées de marabouts, quand tous leurs membres descendent d'un ancêtre auquel on a décerné ce titre, comme par exemple les Ouled-Sidi-Cheikh.

L'enseignement religieux et la propagande se font dans des établissements connus sous le nom de *zaouia* et qui peuvent dépendre, soit du clergé officiel, soit de marabouts, soit des congrégations.

La zaouia rappelle les monastères chrétiens du Moyen-Age. Elle abrite les marabouts ou les chefs de confréries qui l'habitent d'ordinaire, et aussi des étudiants, des pèlerins, des malheureux sans asile, des voyageurs. La zaouia est entretenue, d'abord par la fortune personnelle des marabouts quand ils en ont, et ensuite par les quêtes faites dans le voisinage (*ziara*) et les offrandes (*ouada*) consacrées par les pèlerins à la mémoire du fondateur de la pieuse institution.

Les marabouts des familles de noblesse religieuse n'ont, en général, qu'une influence purement personnelle. Ils se sont quelquefois mis en opposition avec nous en Algérie, surtout dans les premières années de l'occupation; mais depuis déjà longtemps, ils vivent en paix avec l'autorité française et plusieurs d'entre eux ont reçu des distinctions honorifiques pour des actes de dévoûment en notre faveur.

Il nous reste à étudier le rôle de cette seconde partie du monde religieux musulman, indépendant de toute attache officielle, et qui est sous la direction des confréries.

Mais auparavant, qu'il nous soit permis d'indiquer, par une brève analyse de l'histoire de la fondation des confréries musulmanes, un côté de l'Islamisme qui paraîtra en contradiction avec les idées généralement admises en Europe, où

Le Spiritualisme musulman

on suppose la religion musulmane comme tout imprégnée d'un matérialisme grossier.

Dès les premières années de l'Hégire et durant la vie même de Mahomet, les plus fervents de ses compagnons avaient fondé une sorte de confrérie religieuse libre, ayant pour idéal le *soufisme*.

Le Soufisme — Le *soufisme* est « la recherche par l'exercice de la vie contemplative et les pratiques pieuses, d'un état de pureté morale et de spiritualisme assez parfait pour permettre à l'âme des rapports plus directs avec la divinité. » (1).

Cette première association fut l'origine de tous les ordres religieux qui se sont organisés dans le monde musulman.

Depuis les Seddikya, fondés la première année de l'Hégire par Abou-Beker, qui fut plus tard le successeur du prophète et le premier kalife, jusqu'aux Snoussya, fondés en 1835, on compte à peu près quatre-vingts à quatre-vingt-dix de ces confréries. Il s'en est même établi quelques-unes ces dernières années, principalement au Maroc; mais ces nouvelles venues n'ont pu acquérir encore d'importance sérieuse.

Nous avons dit que les membres de la première des confréries musulmanes avaient été les

_____

(1) Rinn. — *Marabouts et khouan*, ch. III.

compagnons du Prophète. Toutes les autres
confréries qui se sont fondées par la suite ont
tenu à se rattacher, elles aussi, au Prophète,
afin d'affirmer leur orthodoxie. Aucun des fondateurs n'a négligé la précaution indispensable
de dresser la série de tous les saints docteurs
dont il avait emprunté la doctrine en en faisant
remonter la liste jusqu'à Mahomet lui-même.
Tous ont tenu à s'incliner devant la « Tradition » que les prescriptions musulmanes ordon-
nent de vénérer et à laquelle tout fidèle doit
obéir en suivant ses pratiques « sans donner
dans les innovations ».

Après avoir affirmé la pureté de leur doctrine
en citant la « chaîne » (Selselat) de leurs autorités, les fondateurs d'ordre religieux ont tous
tenu à affirmer leur soumission aux principes fondamentaux de la religion, principes que l'on
admet être au nombre de cinq et dont voici le
résumé :

1° Craignez Dieu au plus profond de votre cœur, et que
cette crainte guide vos actions ; car elle est le principe de
tout bien et tout est fondé sur elle.

Elle vous commande de vous méfier de vos passions
qui, en vous entraînant vers l'abîme des iniquités, engen-
drent la haine, l'envie, l'orgueil, l'avarice, enfin tous les
vices qui ont leur siége dans le cœur.

Toutes les parties de votre corps, tout ce qui exprime
vos passions sera dompté chez vous par la crainte de Dieu.

2⁰ Conformez-vous à la *Sonna*, c'est-à-dire imitez en toute chose mes actions ; car celui qui s'y conformera me donnera des preuves de son amour, et celui qui y dérogera ne sera point considéré comme musulman.

3⁰ N'ayez pour les créatures ni amour ni haine, ne préférez pas celui qui vous donne à celui qui ne vous donne pas. L'amour ou la haine détourne l'homme de ses devoirs envers la Divinité ; vous n'avez qu'un cœur, s'il est occupé par les choses terrestres, que restera-t-il à Dieu ?

4⁰ Contentez-vous de ce que le Créateur vous donne en partage, ne vous affligez pas s'il vous prive d'une partie de vos richesses, ou s'il vous accable de maux ; ne vous réjouissez pas s'il augmente votre bien-être ou s'il vous fait jouir d'une bonne santé.

5⁰ Attribuez tout à Dieu, parce que tout vient de lui ; que votre résignation soit telle que, si le Mal et le Bien étaient transformés en chevaux et qu'on vous les offrît pour monture, vous n'éprouviez aucune hésitation à vous élancer sur le premier venu, sans chercher quel est celui du mal ou celui du bien. Tous deux venant de Dieu, vous n'avez pas de choix à faire.

Tous les fondateurs et tous ceux qui leur ont succédé dans la direction des ordres religieux, ont affirmé hautement leur fidélité à ces cinq commandements qui sont vénérés, surtout par ce motif que les théories qu'ils renferment formaient, d'après la Tradition, les principaux sujets des conversations du Prophète avec ses disciples.

Une fois ces principes admis et leur orthodoxie dûment constatée, les chefs d'ordre religieux y ont ajouté une initiation, une série de
pieuses pratiques destinées à amener le fidèle
dans la bonne voie, et la récitation de certaines
prières (*Dikr*).

Plusieurs ordres admettent divers degrés
dans la sagesse, degrés auxquels on s'élève pro-
gressivement en suivant les prescriptions spéciales à chaque confrérie. Le dernier de ces
degrés est à ce point sublime, disent-ils, et l'âme
qui y parvient est tellement imprégnée de Dieu,
qu'elle perd non-seulement le sentiment de son
individualité, mais même celui de son absorption
en Dieu. On peut comparer ce degré suprême de
la piété au Nirvana des Indiens.

On le voit, les théories qui ont présidé à la
création des confréries religieuses islamites sont
bien loin de l'idée qu'on se fait généralement du
matérialisme musulman. Il est peu de religions,
au contraire où le spiritualisme arrive à de
pareilles hauteurs et tourne aussi rapidement au
mysticisme.

Il va sans dire que la profonde ignorance et la
grossièreté native de bon nombre des adeptes
des confréries les met complètement en dehors
de ces théories abstraites et pour la plupart
d'entre eux, tout se résume dans certains

usages extérieurs et la récitation des prières prescrites.

Leur organisation Sauf quelques rares exceptions, l'organisation des confréries musulmanes est la suivante :

A la tête, un chef désigné généralement d'avance par le chef qui l'a précédé, mais qui souvent aussi est élu par les cheikh de la seconde catégorie qui portent le nom de *Moqaddem*.

Les moqaddem sont nommés par le chef de l'ordre, mais presque toujours sur la présentation des affiliés (*Khouan*). Les moqaddem sont porteurs d'un brevet spécial constatant leur situation et contenant en outre les principaux renseignements sur les pratiques de la confrérie. Les moqaddem sont chargés de la direction des zaouia de la congrégation, ils y font fonctions de professeurs pour les étudiants, d'initiateurs pour les aspirants et de chefs pour les affiliés.

Viennent ensuite les khouan ou simples affiliés.

Chaque année se tient un grand Conseil, la plupart des moqaddem se rendent auprès du chef de l'ordre pour y traiter les questions intéressant la confrérie. C'est une sorte de concile spécial qui n'est pas sans analogie avec ce qui se passe, non seulement dans la plupart des ordres

religieux chrétiens, mais aussi dans presque toutes les associations. A son retour de la réunion
des chefs, chaque moqaddem réunit ses khouan
et leur fait part des instructions qui lui ont été
confiées. Il profite généralement de cette réunion
pour adresser un appel à la générosité de ses coreligionnaires.

Ce sont les moqaddem qui procèdent aux ini-
tiations, accompagnées presque toujours de
diverses cérémonies réglées par un rituel spécial. On lit des prières, on procède aux exercices prescrits par le règlement, et on fait connaître à l'initié le *dikr* ou prière particulière à
l'ordre, les obligations qu'il contracte vis-à-vis
de ses frères et les prescriptions auxquelles il
sera soumis désormais.

Plusieurs officiers français ont été initiés dans
différents ordres religieux musulmans et quelques-uns d'entre eux ont même obtenu des grades élevés. Il nous a été assuré par des hommes
de la parole desquels nous ne saurions douter,
que ceux de ces officiers qui appartenaient à la
franc-maçonnerie avaient obtenu des facilités
toutes particulières pour leur initiation.

Ajoutons que les ordres qui ont accepté des
français dans leurs rangs, sont généralement
ceux qui s'occupent le moins de politique. Les
congrégations importantes, à ce dernier point

de vue, sont exclusivement composées de musulmans. Bien plus, on nous a certifié que ces initiation de chrétiens étaient plus apparentes que réelles, et comme beaucoup de celles qui se pratiquent dans la franc-maçonnerie, ne mettaient pas le récipiendaire au courant du véritable but de la confrérie.

La solidarité qui unit les khouan entre eux est aussi réelle qu'apparente. Le mot *khouan* signifie frère, il est employé particulièrement en Afrique. Dans l'Asie mineure et dans l'Asie centrale on se sert souvent du mot *Derviche* pour désigner les affiliés aux congrégations religieuses. Dans l'Inde on emploie le mot *Fakir*. Le mot *Kalender* bien qu'il s'applique plus particulièrement à une secte spéciale, celle des *Kalenderya* ou *Melamya* est également employé pour désigner les religieux errants. Les chefs appellent leurs khouan, *Ashab*, ce qui signifie compagnon.

Les Khouan   Les khouan se doivent donc de se traiter comme des frères et ils professent en effet les uns pour les autres une affection et un dévouement qui vont jusqu'aux plus extrêmes limites. On peut presque dire que tout ce que possède un khouan appartient à ses frères et qu'en revanche il peut compter sur eux en tout et partout. Ces sentiments sont soigneusement entretenus par les chefs qui emploient pour arriver à ce but tous les moyens et particulièrement la prière en commun le plus fréquemment possible, et des exercices religieux souvent et régulièrement répétés.

Le plus important de ces exercices est le *Dikr* ou *Zikr,* c'est-à-dire la récitation de l'oraison spéciale de la congrégation. Le mot oraison n'est peut-être pas rigoureusement exact, car la plupart du temps le dikr consiste simplement dans la récitation d'une phrase ou d'un passage du Koran ou même la répétition d'un mot. Le passage du Koran sert quelquefois de signe de reconnaissance entre khouan qui se rencontrent. Le premier récite le premier verset, le second reprend le second et ainsi de suite jusqu'à la fin de la citation.

Quelques-unes de ces citations doivent se répéter jusqu'à deux et trois mille fois chaque jour, le khouan les compte au moyen de son chapelet, et on peut se figurer l'état d'esprit où arrive un homme qui a récité trois mille fois de suite une même phrase, et habituellement à haute voix, car certains mots doivent être prononcés avec une intonation spéciale. Il résulte de ce régime, que ceux qui y sont soumis longtemps en arrivent à un certain degré d'hypnotisme qui les prédispose aux hallucinations et aux rêveries religieuses les plus intenses. Il faut

8

croire que les moqaddem et les chefs d'ordres cherchent à arriver à ce résultat, car ils surveillent avec attention l'observation de la récitation du dikr.

Les khouan n'ont pas que la récitation de prières déterminées pour se reconnaître entre eux ; ils emploient bien d'autres moyens. Vêtements, usage de certaines couleurs, signes, attouchements, manière de prier, de porter le chapelet, le turban, la ceinture, tout leur sert de procédé de reconnaissance, et sous ce rapport ils ont fait preuve d'autant d'imagination au moins que les associations religieuses et politiques de la vieille Europe.

s Khouan et la politique

Avant de passer rapidement en revue les ordres principaux de l'Afrique septentrionale, il serait opportun d'examiner quels résultats politiques l'Islam peut en tirer en faveur de ses projets.

Bien que le clergé régulier, surtout à Constantinople, ait souvent attaqué les ordres religieux et même obtenu des sultans des persécutions contre leurs adhérents, les confréries ont presque toujours fini par triompher. Aujourd'hui plus que jamais, elles ont de l'importance, surtout depuis que certaines d'entre elles ont entrepris de réaliser le rêve musulman, l'Imamat universel. Ce sont les congrégations religieuses qui ont chassé les anglais du Soudan, et ce premier succès a eu un retentissement dans le monde mahométan, dont on ne s'est peut-être pas assez inquiété et dont on verra quelque jour les terribles conséquences.

Jusqu'à présent, nous n'avons pas eu en Algérie, depuis la conquête, à combattre une insurrection inspirée uniquement par l'idée religieuse. Certainement des chefs insurgés, des marabouts ont prêché contre nous la guerre sainte, ils ont été suivis par un certain nombre de moqaddem et de khouan; mais nous n'avons jamais trouvé devant nous une levée en masse. La raison en est que toutes les rebellions qui se sont produites avaient pour mobile un intérêt personnel qui froissait d'autres intérêts. Il n'y aura péril pour nos colonies africaines que le jour où elles seront menacées par un adversaire qui, comme les premiers khalifes, sera le plus pauvre de ses frères et qui ne verra dans le but de la guerre sainte que le triomphe d'Allah et non la satisfaction de sa vanité ou de ses passions.

CHAPITRE II

LES CONFRÉRIES MUSULMANES DANS L'AFRIQUE SEPTENTRIONALE.

Nous avons dit qu'on comptait une centaine de confréries musulmanes. Quelques-unes ont à peu près disparu, d'autres n'ont d'importance que dans certaines contrées lointaines, d'autres enfin ne comptent que peu d'adhérents. Nous nous contenterons de citer les principales de celles qui sont établies dans l'Afrique septentrionale, en insistant plus particulièrement sur celles qui paraissent destinées à jouer un rôle politique quelconque.

La plupart de nos renseignements à cet égard seront empruntés au travail de M. Rinn, que nous avons déjà cité et dans lequel se trouvent résumés la plus grande partie des travaux faits sur cette question et dont la plupart ont paru dans des Revues d'Algérie qu'il est très difficile de se procurer en France.

Voici donc la nomenclature de ces confréries :

Les *Kaderya* ou *Qaderya* sont les disciples d'un des plus grands saints de l'Islam, Sidi-Abd-el-Kader-el-Djilani, qui vivait à Bagdad au xi⁰ siècle et qui est resté comme un des types les plus accomplis de la charité humaine. Abd-el-Kader-el-Djilani qui fit toujours preuve d'un respect profond pour Jésus-Christ, avait beaucoup de sympathie pour les chrétiens, et ses disciples ont toujours été plus bienveillants que les autres musulmans à l'égard des catholiques.

On sait que Mahommed-Achmed, le mahdi du Soudan, a été moins cruel qu'on ne pouvait le craindre vis-à-vis des sœurs de charité et des missionnaires français et italiens tombés entre ses mains. Mahommed-Achmed appartenait à la confrérie des Kaderya, c'est peut-être à cela que ses prisonniers ont dû la vie.

La réputation de sainteté d'Abd-el-Kader-el-Djilani est établie dans tout le monde musulman, et on trouve également partout des membres de la confrérie qu'il a fondée. Son siége central est à Bagdad. Le but de son fondateur a été, d'après ses écrits et ce que l'on a conservé

de son enseignement, non-seulement de relever
la foi religieuse par la prière et de pieuses pratiques, mais encore d'encourager les hommes à
s'entr'aider et à se secourir selon leurs moyens.
L'ordre est non-seulement très influent, mais
encore très riche ; aussi applique-t-il souvent en
faveur de ses adeptes les principes de son fondateur, ce qui lui donne une influence morale et
matérielle considérable.

On peut reconnaître les qaderya à leur attitude pendant la prière ; ils se tiennent accroupis,
les jambes croisées, la main ouverte, les doigts
écartés sur le genou. Dans cette posture, ils ré-
citent, après chacune des cinq prières obligatoi-
res, 165 fois de suite la formule de l'unité de
Dieu : Il n'y a d'autre Dieu qu'Allah. Bon nombre ajoutent à ce dikr d'autres récitations qui
remplissent une partie de la journée. Les qaderya ont coutume de se réunir pour prier. Ils se
placent comme nous l'avons dit, formant un cer-
cle et répètent d'une façon rythmée les prières
dont ils s'imposent la récitation.

La réception d'un nouveau frère est entourée
d'un grand cérémonial et le formulaire auquel
doit répondre le catéchumène est d'une longueur à
faire reculer un homme qui ne serait pas profondément convaincu. Une fois le néophyte reçu, il

lui est délivré un brevet qui aidera à le faire reconnaître par ses nouveaux frères.

Les qaderya, très nombreux au Maroc, le sont moins en Algérie et encore moins en Tunisie. Beaucoup se sont fait affilier aux snoussya. Dans le monde musulman, leur nombre est immense et leur influence énorme. Ils forment une des grandes forces de la levée des boucliers des musulmans du Soudan, et s'ils ne dirigent pas absolument le mouvement, ils y prennent une part des plus active.

Un autre ordre important est celui des *Chadelya* qui se divise en plusieurs branches. Son fondateur, Choaïb abou Median, né en Espagne, vint prêcher au Maroc et en Algérie où il mourut. C'était, d'après ses écrits, un mystique aussi obscur que profond. Son enseignement n'était pas de nature à faire de son ordre une confrérie turbulente et s'occupant de politique, mais une fraction de ses disciples dont le centre d'action est actuellement en Tripolitaine et qui a pris le nom de *Madanya*, peut passer pour une des sectes les plus hostiles aux chrétiens. Nous avons toujours trouvé des chefs des madanya parmi nos adversaires dans les insurrections de l'Algérie. Après avoir essayé de nous nuire par leurs propres forces et voyant qu'ils n'y pou-

Les Chadelya et Madanya

vaient parvenir, ils se sont peu à peu laissé aller
à subir l'influence des snoussya ; on assure que
le sultan actuel de Constantinople, Abd-ul-
Hamid, est affilié aux madanya qui lui servent
d'intermédiaires pour communiquer avec Si-
Snoussi.

Une des caractéristiques des madanya est leur
aversion profonde pour tous les représentants
d'une autorité quelconque. Ce sont de vrais révoltés dans le sens propre du mot et révoltés
aussi bien contre les fonctionnaires du sultan
que contre ceux du gouvernement français ou
du Bey de Tunis. Ils sont tellement connus sous
ce rapport qu'on les désigne généralement sous
le nom de *Derqaoua* qui signifie insurgés, révoltés.

Les madanya et en général tous les chadelya
prient accroupis, les jambes croisées, les genoux
relevés, les bras jetés autour des jambes, la tête
baissée entre les genoux et les yeux fermés. De
temps en temps, ils relèvent la tête pour pro-
férer l'invocation à Allah. Leur turban a une
extrémité qui pend par derrière, ils doivent
prier au moins une demi-heure chaque jour et
une demi-heure chaque nuit pour réciter le dikr
de la confrérie :

Ce dikr est assez simple, voici en quoi il consiste :

dire 100 fois « je demande pardon à Dieu »,

dire 100 fois « que les grâces divines soient sur le Prophète »,

dire 1,000 fois « il n'y a d'autre Dieu qu'Allah ».

En outre, il y a de nombreuses prières qui se doivent réciter à certains jours du mois et dans les diverses circonstances de la vie.

Les chadelya sont nombreux en Algérie, les madanya sont installés surtout en Tunisie et en Tripolitaine. On nous a assuré que la plupart des « dissidents », c'est-à-dire des Tunisiens qui se sont expatriés au moment de l'occupation française appartenaient à la confrérie des madanya.

Les chadelya en général, même ceux qui ne nous sont pas absolument hostiles, ne se considèrent comme tenus au respect et à l'obéissance que vis-à-vis de leurs chefs particuliers. Ils suivent en cela les préceptes de leur organisateur, Sidi Chadeli, qui a formulé cette théorie : « obéis à ton cheikh avant d'obéir au souverain temporel. » Cette phrase explique leur attitude vis-à-vis des autorités.

Un troisième ordre religieux dont l'influence est considérable dans l'Afrique septentrionale est celui des *Tidjanya*, fondé vers 1780 dans les

Les Tidjanya

environs de Laghouat en Algérie, par Sidi Ahmed
el Tidjani, originaire de la petite ville d'Aïn
Mahdi, où se trouve encore la principale zaouia
de la confrérie : une autre zaouia, presque aussi
importante existe à Temacin.

Les tidjanya, au rebours de la plupart des
confréries musulmanes, ont toujours manifesté
une certaine sympathie pour les Français. Très
puissants dans le Sud, au moment de la prise
d'Alger, ils ne manifestèrent aucune hostilité
contre nous. Depuis cette époque, ils ont refusé
de se mêler aux divers mouvements insurrec-
tionnels qui ont eu lieu en Algérie et leur opposition à l'émir Abd-el-Kader amena entre eux et
lui une lutte sanglante qui se termina par la
prise d'Aïn-Madhi par l'émir et sa destruction
partielle.

Ce n'est pas que les tidjanya aient la moindre affection pour la domination des chrétiens ;
loin de là, mais, du moment que l'autorité française n'opprime pas les musulmans au point
de vue religieux, ils estiment qu'elle doit être ac-
ceptée ou tout au moins subie sans résistance
jusqu'aux jours fixés par Dieu pour notre départ.
C'est à cette théorie que nous devons d'avoir
toujours trouvé chez les tidjanya une neutralité
qui s'est même parfois transformée en alliance
positive quand les intérêts ou les antipathies

personnels de leurs chefs se sont trouvés en jeu.

Le gouvernement français a donc toujours entretenu avec les tidjanya des relations relativement cordiales. A plusieurs reprises le chef de l'ordre a donné à nos voyageurs des lettres de recommandation pour ses moqaddem, fort nombreux dans la région qui s'étend de l'Algérie au Sénégal. D'autre part, l'autorité française ne manque jamais de témoigner au Cheikh des égards tout particuliers. En 1885, ce haut personnage voulut faire le pèlerinage de la Mecque. Pour s'embarquer à Tunis en venant d'Aïn-Mahdi, il traversa toute la Régence et par ordre de la Résidence française, les plus grands honneurs lui furent rendus sur tout son passage. Son embarquement eut lieu avec une solennité extraordinaire et à son retour, comme il existait des quarantaines, on s'arrangea de façon qu'il put subir cette formalité sanitaire dans des conditions tout à fait exceptionnelles.

L'ordre des tidjanya est un ordre fermé, c'est-à-dire que ceux qui en font partie ne peuvent se faire affilier à aucune autre. Cette particularité est peu commune dans les confréries musulmanes, car il n'est pas rare de voir de fervents mahométans affiliés à cinq, six, dix confréries ou même davantage. Le Cheikh des

snoussya cherche à réunir autour de son ordre
une soixantaine de confréries diverses auxquelles il appartient lui-même et dont il connaît à
fond les opinions et les pratiques spéciales.

On comprend donc tout l'intérêt du gouvernement français à s'appuyer sur cet ordre qui ne
peut se fondre dans aucun autre et on ne saurait qu'applaudir aux efforts tentés en ce sens
par le commandant Coyne, l'auteur du beau travail sur le M'sab, qui est actuellement directeur
des affaires musulmanes à la Résidence française
à Tunis.

En outre la caractéristique des tidjanya est
d'être essentiellement Algériens et Tunisiens.
L'ancien Bey de Tunis Mohamed-ès-Sadock appartenait aux tidjanya et la plupart des fonctionnaires de son gouvernement aussi. Il y a eu
là un élément de tranquillité dont on a su heu-
reusement tirer parti depuis notre occupation
de la Régence et il faut espérer qu'on ne cessera
pas de le cultiver.

Les tidjanya qui se servent entre eux du mot
Habab (ami) au lieu du mot *Ashab* (compagnon)
adopté par presque tous les khouan sont facilement reconnaissables à leur chapelet en bois
de santal, dont les grains, dit le commandant
Rinn, sont séparés en six groupes par cinq flo-
cons de soie rouge très apparents. Un sixième

flocon pareil termine le chapelet à sa base et est surmonté de six rondelles plates de même diamètre que les grains mais glissant moins facilement que ces derniers sur le cordon en soie rouge qui leur sert de monture.

Ces rondelles servent à marquer les centaines dans la récitation du dikr qui est ainsi conçu :

100 fois « Dieu clément »
100 fois « Que Dieu pardonne »
100 fois « Il n'y a d'autre Dieu qu'Allah »
100 fois « O Dieu ! répands tes grâces, accorde le salut à notre Seigneur Mohammed qui a ouvert ce qui était fermé, qui a clos ce qui a précédé, qui a établi le droit découlant du droit. »

plus douze fois un verset du Coran ou une longue prière.

Ce dikr doit être récité à haute voix, trois fois par jour, le matin, à la prière de l'après-midi (*acer ou asr*), et au coucher du soleil.

Les tidjanya sont très répandus, non seulement en Algérie et en Tunisie, mais encore au Maroc et dans toute l'Afrique occidentale, principalement vers nos possessions du Haut-Fleuve. On comprend dans ces conditions quel intérêt nous avons à les ménager et à faire de leurs cheiks les chefs officiels de la religion musulmane dans les pays soumis à notre domination.

Les Rahmanya Une quatrième confrérie influente est celle des *Rahmanya*, fondée comme celle des Tidjanya à la fin du siècle dernier par Sidi-Mahmed-ben-Abd-Er-Rahman, originaire du Djurdjura. Ce saint personnage offre une particularité spéciale, celle d'avoir deux tombeaux, dans chacun desquels une tradition accréditée veut qu'il repose. Ce qui a donné lieu à cette légende, c'est qu'après sa mort, les Turcs qui occupaient Alger enlevèrent ou firent enlever son corps pour l'enterrer au Hamma, près d'Alger, afin que ses partisans ne fissent pas du lieu de sa sépulture un centre de réunion. De leur côté, les disciples de Ben-Abd-Er-Rahman prétendirent avoir conservé le corps de leur maître dans sa zaouia des Aït-Smaïl.

Bien que beaucoup de confréries religieuses musulmanes admettent des femmes parmi leurs adeptes, c'est celle des ramanhya qui en compte certainement le plus. Les *Khouata* (sœurs) sont organisées comme les khouan sous la direction de *Moqaddema*, qui les dirigent comme les moqaddem dirigent les hommes.

Les rahmanya qui sont d'ailleurs les ennemis irréconciliables des tidjanya, ont continuellement manifesté pour les Français très peu de sympathie. Ils ont toujours appuyé dans une certaine mesure les insurrections fomentées en Algérie contre notre autorité.

Souvent leurs zaouia ont été détruites par nos soldats, leurs cheiks pris et déportés, mais ces répressions sévères n'ont fait qu'attiser leur haine contre les chrétiens. Leur chef actuel, Si-Aziz, fait prisonnier après la révolte de 1871, avait été déporté en Nouvelle-Calédonie. En 1881, il est parvenu à s'évader et il vit aujourd'hui à La Mecque, essayant de négocier avec les autorités françaises les conditions de sa rentrée en Algérie.

Le dikr des rahmanya consiste à répéter aussi souvent que possible :

« Il n'y a d'autre Dieu qu'Allah. »

A répéter 80 fois de suite ;

« O ! mon Dieu ! accordez vos faveurs à notre Seigneur Mohammed, le prophète illettré, à sa famille, à ses compagnons, et sur lui le salut. »

Dans les zaouia des rahmanya, les khouan se relèvent d'heure en heure pour reprendre la prière, afin que les louanges de Dieu ne subissent aucune interruption. C'est l'adoration perpétuelle des chrétiens.

Comme nombre, les rahmanya constituent la confrérie musulmane la plus nombreuse qui existe en Algérie, ils ont d'ailleurs des relations très étroites avec les chadelya, dont nous avons parlé plus haut, avec les kheloutya, une secte importante d'Egypte et avec les snoussya de la Tripolitaine ; ce sont pour les chrétiens des adversaires acharnés que nous trouverons toujours au premier rang de nos ennemis. Leur influence est très considérable et on peut certainement en attribuer une bonne part aux femmes qui font partie de la corporation.

L'influence féminine Ce serait en effet une illusion de se figurer que les femmes ont moins d'influence dans le monde musulman que dans le nôtre. Pour s'exercer dans d'autres conditions que chez nous, cette influence n'en existe pas moins.

Les musulmans font bien peu d'affaires, prennent bien peu de décisions, sans consulter leurs femmes. « Que diraient nos femmes ? Que penseraient nos femmes ? Nos femmes ne voudraient plus nous voir ? » Telles sont les phrases que répètent constamment les indigènes et les femmes ont une part beaucoup plus grande qu'on ne le suppose aux affaires politiques dans le monde musulman.

Nous avons exposé à grands traits les caractères des quatre principales congrégations musulmanes de l'Afrique septentrionale et plus

particulièrement en Algérie et en Tunisie.
Avant de passer à l'étude de la plus importante
de toutes, celle des Snoussya, il nous faut si-
gnaler rapidement quelques-unes de celles qui,
quoique n'ayant qu'une influence secondaire,
n'en constituent pas moins des centres de vitalité religieuse d'une importance réelle.

Ainsi nous ne saurions passer sous silence les
Bakkaya, dont le centre est à Tombouctou et
qui exercent une influence considérable dans
toute la région qui s'étend du sud de nos possessions jusqu'à la grande ville africaine. Ces
bakkaya s'occupent d'ailleurs beaucoup plus de
religion proprement dite que de politique religieuse. Ils sont pourtant de fidèles musulmans
et à ce titre inclineront toujours davantage du
côté de nos ennemis les snoussya que du nôtre.
La présence des Touaregs, ces pirates du désert qui parcourent sans cesse, pillant, tuant
et détruisant, la région qui sépare Tomboutou
de Djer-Boub, est peut-être la seule raison qui
a retardé l'évolution des bakkaya vers les doctrines panislamiques du cheik des snoussya.

Une autre congrégation importante est celle
que représente la grande tribu des Ouled Sidi
Cheikh, cette famille de marabouts dont l'in-

Les Bakkaya

Les Ouled-Sidi Cheikh

9

fluence est considérable dans l'Algérie méridionale. Les Ouled Sidi Cheikh qui descendent en droite ligne du Khalife Abou Bekr occupent en Algérie une situation exceptionnelle due à leur origine et aussi au souvenir des nombreux marabouts qu'ils ont fourni depuis que, dès le premier siècle de l'Islam, ils sont venus s'établir dans le pays qu'ils occupent encore aujourd'hui.

Leur nombre étant devenu très considérable, les rivalités qui se sont élevées entre leurs chefs ont amené une diminution de leur influence politique, [mais celle-ci n'en est pas moins encore considérable.

Les Taybbya   Les Taybya dont le siége principal est à Ouazzan dans le Maroc ont également une importance très grande. C'est à cet ordre que se fit affilier le voyageur et diplomate allemand Gherard Rholhfs quand il voulut explorer la région des Ksours et les lettres de recommandation que lui donna le Chérif d'Ouazzan le firent bien accueillir durant toutes ses pérégrinations.

L'ordre des taybya est célèbre par une prédiction qui remonte à un de ses chefs, Mouley Taïeb, qui vivait à la fin du dix-septième siècle. Cette prédiction renommée dans toute l'Afrique est ainsi conçue : [Mouley Taïeb s'adressant à ses disciples leur dit :

« Vous dominerez plus tard tout le pays de
« l'Est. Tout le pays d'Alger vous appartiendra.
« Mais avant que mes paroles s'accomplissent il
« faut que cette contrée ait été possédée par les
« Français. Si vous vous en emparez mainte-
« nant, ils vous enlèveront votre conquête ; si
« au contraire ils prennent le pays les pre-
« miers, le jour viendra où vous le reprendrez
« sur eux. »

Selon le commandant Rinn, cette prophétie
ne serait que la reproduction d'une autre que
l'on trouve dans un recueil remontant au xiv° siècle et dans laquelle il est dit que les chrétiens
doivent être les maîtres de tout le littoral afri-
cain avant l'arrivée du « Maître de l'Heure »
(*moul el Sâa*) qui rendra à l'Islam l'empire universel.

On comprend l'effet que produisent ces prophéties sur un peuple croyant et crédule comme
le sont les Arabes.

Les taybya qui ont une grande situation au
Maroc et dans la province d'Oran ont un dikr
qu'on peut qualifier de formidable. Les véritables khouan, ceux qui veulent parvenir au
plus haut degré de sainteté ont un formulaire
de prières qu'ils doivent répéter *quatre mille*
six cent cinquante fois par jour. On se rend

compte de l'état cérébral des hommes adonnés à de tels exercices.

Il existe certainement encore en Algérie, en Tunisie et surtout en Tripolitaine et au Maroc d'autres sectes religieuses relativement importantes soit par le nombre de leurs adhérents, soit par le fanatisme dont leurs khouan sont possédés. Nous n'en parlerons pas dans ce travail nécessairement un peu sommaire. D'ailleurs celles qui comptent un certain nombre d'adeptes sont pour la plupart affiliées aux cinq grandes congrégations dont nous venons de parler et leurs principes n'en diffèrent en rien. Les quelques divergences qu'on pourrait remarquer reposent sur des points secondaires de doctrine ou de forme extérieure du culte.

Les Aissaoua Une secte cependant à laquelle les voyageurs portent plus d'attention en raison des exercices bizarres auxquels se livrent ses membres et qui à ce titre est plus connue que les autres est celle des *Aissaoua*. On connaît même en France ces singuliers personnages qui dans leurs représentations avalent des serpents, mâchent des scorpions, mangent des cailloux ou des morceaux de verre.

Ceux des aissaoua qui se livrent à ces exercices sont considérés par les musulmans instruits
comme des saltimbanques et des jongleurs. Cependant les théories mystiques des chefs et des
initiés des hauts grades sont empreintes d'un
tout autre caractère. Elles prétendent que par
une aspiration permanente vers Dieu, par la
sobriété, l'abstinence, l'absorption en Dieu,
l'homme peut arriver à un degré tel que les
souffrances corporelles et les mortifications physiques ne peuvent plus affecter les sens. Les
traités de sagesse en usage dans les zaouïa des
aissaoua portent également la marque d'un mysticisme poussé à l'extrême limite ; beaucoup sont
incompréhensibles pour ceux qui ne sont pas
initiés. Les exercices des aissaoua qui se mon-
trent au public pour de l'argent n'ont dans l'esprit des chefs d'autre but que de frapper les
masses et d'entretenir leur croyance dans les
faits miraculeux.

Bien que les aissaoua reçoivent sans la moindre répugnance l'argent des chrétiens qui assis-
sent à leurs séances, leur affinité étroite avec
les chadelya n'en fait pas moins une secte, du
peu de sympathie de laquelle nous pouvons être
certains, pour ne pas dire davantage.

Nous avons donné un aperçu sommaire des
principales congrégations musulmanes qui exis-

tent actuellement dans l'Afrique septentrionale. Il nous reste à nous occuper de la plus importante, celle des Snoussya, qui est aujourd'hui la plus vivace, la mieux organisée et aussi la plus dangereuse pour nous, en raison de sa ferveur religieuse, de sa haine pour les chrétiens, de son extension prodigieuse, de ses ressources et du rôle qu'elle est appelée à jouer dans le monde. Nous pensons qu'à ces divers titres on peut lui consacrer un chapitre spécial.

CHAPITRE III

LES SNOUSSYA. — DJER-BOUB. — LES MAHDI. —
LE SOUDAN.

La confrérie des Snoussya a été fondée en
1835 par Si-Mohammed-ben-Ali-ben-ès-Snoussi,
qui vint au monde en Algérie, près de Mostaga-
nem, en 1792. C'était un marabout qui avait la
prétention de descendre du Prophète. Après de
nombreux voyages et des fortunes diverses, Si-
Snoussi arriva à la Mecque, où il jeta les bases
de son enseignement. Il fut bientôt en butte aux
persécutions des autorités. Obligé de quitter la
ville sainte, il se réfugia en Cyrénaïque, où il
fonda une première zaouia à El-Beïda. Peu à peu
son influence s'étendit dans le nord de l'Afrique
et le nombre de ses zaouia augmenta rapidement. Cette extension réveilla les haines qu'il

avait déjà suscitées à la Mecque, et vers 1855,
le cheikh Snoussi, qui était devenu un personnage considérable, transporta le centre de son
enseignement dans l'oasis de Djer-Boub, au sud-
ouest et à trois journées de marche de l'oasis de
Syouah. Il y fonda une zaouia qui fut bientôt la
pépinière d'un nombre considérable de ses
adeptes, qu'il envoya comme missionnaires dans
tout le centre de l'Afrique. Il mourut en 1859,
après avoir opéré d'innombrables conversions à
l'islamisme dans tout le nord du continent afri-
cain, et avoir affilié à son ordre tous ou presque
tous les chefs soudaniens, depuis la Tripolitaine
jusqu'au Ouadaï, dont le sultan s'est proclamé
son disciple. Si-Snoussi est enterré à Djer-Boub.
Son tombeau est devenu un lieu de pèlerinage
si important, qu'on nomme aujourd'hui cet oasis
placé en plein désert, *Mekka-el-Seghira*, la
Petite-Mecque.

Si-Snoussi laissa sa succession à son fils
Cheickh-el-Mahdi, qui était bien jeune au moment où il perdit son père, mais qui trouva dans
les hommes remarquables que ce dernier avait
réunis autour de lui, des conseillers et des appuis
qui lui permirent de poursuivre, quelques années
plus tard, l'œuvre entreprise, œuvre immense et
telle, qu'il ne s'en est peut-être pas encore pré-

sentée de semblable depuis l'établissement de
l'Islam.

Cheikh-el-Mahdi est le véritable chef des
Snoussya, mais il est secondé dans sa mission
par son frère Si-Mohammed Chérif, qui est
comme lui un homme d'une intelligence exceptionnelle. Si-Mohammed Chérif est plus particulièrement chargé de la direction de la zaouia
de Djer-Boub. El-Mahdi reste le grand directeur
politique général, assisté de son conseil.

Dans le monde musulman, El-Mahdi jouit d'un
immense prestige. Son nom, son âge, le présentent comme devant être le Mahdi qui, d'après
d'anciennes prédictions, doit régénérer le monde
et le soumettre tout entier à la loi du Koran.
Ces prédictions fixent une époque qui se rap-
porte à celle où nous vivons. De plus, El-Mahdi
passe pour posséder certaines marques distinc-
tives, indiquées par la prophétie comme devant
se retrouver chez celui qui sera désigné pour
cette mission. Ses partisans assurent qu'il porte
entre les deux épaules le signe noir, rond, qui
existait à la même place chez Moïse, chez Jésus-
Christ et chez Mahomet.

El-Mahdi entretient soigneusement ces bruits.
Il ne se montre presque jamais en public. On
raconte que les pèlerins les plus considérables
ne sont pas même admis en sa présence. Ils sont

reçus, soit par son frère, soit par un moqaddem
que l'on a choisi à cet effet, parce qu'il présente
certains traits de ressemblance extérieure avec
le cheikh.

A ceux qui parviennent à le voir, El-Mahdi
n'adresse que quelques paroles pieuses et les
entrevues ne durent que peu de minutes. La
prophétie relative au « Maître de l'heure » dit
que le Mahdi annoncé doit avoir le bras droit
assez long pour que la main tombe au-dessous
du genou. Quand El-Mahdi consent à recevoir
un pèlerin, il garde toujours sa main droite dans
sa poitrine, pour laisser supposer au visiteur
qu'il remplit la condition imposée par la prophétie.

D'ailleurs, il faut une persévérance dont peu
de gens sont capables pour pénétrer jusqu'au
Cheikh-el-Snoussi. Le visiteur est promené pendant des semaines entières de zaouia en zaouia,
et soumis à une surveillance rigoureuse pour que
les chefs snoussya soient bien certains de la
pureté de sa doctrine et aussi de ses véritables
intentions vis-à-vis du Mahdi.

Avant d'examiner quelles sont les forces
actuelles des Snoussya, disons quelques mots de
leur doctrine, dans laquelle la politique et la
religion sont si étroitement mêlées, qu'elles ne
forment qu'un ensemble.

Nous avons dit que le but constant de l'Islam avait été la constitution de l'Imamat universel, c'est-à-dire la théocratie panislamique. Le chef doit être le prêtre, et par prêtre les musulmans entendent celui qui domine tous les autres par sa sainteté personnelle et sa connaissance approfondie des livres saints, de leurs commentateurs et de la tradition.

Ces principes sont ceux qui forment la base de la doctrine de tous les ordres religieux dont nous avons parlé. Ce sont ceux qui résument les théories des *Soufi*, c'est-à-dire des sages musulmans. Les Snoussya n'en préconisent point d'autres, seulement ils ont organisé pour les répandre une propagande qui dépasse, en effet, tout ce qui s'est réalisé jusqu'à aujourd'hui.

En effet, si l'on prend les écrits du fondateur de la confrérie et d'après ce que l'on sait de l'enseignement donné dans les zaouia, les Snoussya ne recommandent pas autre chose que la pure doctrine du Koran dépouillée de toutes les superfétations dont on s'est plu à l'orner jusqu'à présent. Ils affichent la prétention de ramener les musulmans aux pratiques des premiers siècles de l'Islam, d'où il résulte qu'ils reprennent la doctrine de l'Imamat universel en politique.

Pour arriver aux résultats qu'ils se proposent, les Snoussya affectent de déclarer qu'ils repous-

sent tout procédé violent. Ils poursuivent leur
route, lentement, sûrement comme des gens
certains de parvenir à leur but et comme s'ils
étaient absolument détachés des choses tempo-
relles.

Cette affectation de ne s'occuper que des questions exclusivement religieuses est la base même
de la tactique des Snoussya. Ils ne s'en sont
jamais écarté et ils ont même repoussé toutes les
avances qui leur ont été faites de se mêler à la
politique active.

Ainsi, il est officiel qu'ils ont résisté aux pro-
positions qui leur ont été faites par le gouvernement allemand de se prêter à un mouvement
insurrectionnel contre les Français en Algérie.
Jamais le Cheikh-el-Mahdi ne voulut voir per-
sonnellement l'agent prussien Ghérard Rolhfs,
qui cherchait à l'entraîner dans une campagne
contre la France. Les Italiens n'ont pas mieux
réussi quand, après l'occupation de la Tunisie
par les Français, ils ont cherché à nous susciter
des désagréments dans la Régence. Les Snoussya
ont toujours affecté de se tenir en dehors des
compétitions des nations européennes, se ren-
fermant, disaient-ils dans leur situation de simples religieux.

Bien plus, ils n'ont pas voulu intervenir en
Egypte au moment de la manifestation à la tête

de laquelle se trouvait Arabi-Pacha. N'avaient-
ils pas de confiance dans Arabi, ou étaient-ils
poussés par d'autres motifs? C'est ce que nous
ignorons, mais leur influence ne s'est nullement
fait sentir en Egypte à cette époque.

Nous verrons un peu plus loin quelle a été
l'attitude des Snoussya dans le soulèvement du
Soudan ; mais auparavant constatons que, s'ils se
sont toujours tenus à l'écart des insurrections
de l'Algérie, les révoltés, après leur défaite, ont
toujours trouvé un asile chez eux. En outre, ils
ont toujours encouragé les musulmans qui vivent
sous la domination des chrétiens à émigrer et à
quitter un pays où ils se trouvent dans des conditions religieuses qu'ils déclarent insoutenables
pour les bons et vrais croyants.

On peut, sans crainte de se tromper, attribuer
à l'influence des Snoussya, une grande part dans
l'émigration considérable qui se produisit en
Tunisie aussitôt après l'occupation française.
Plus de deux cent mille Tunisiens passèrent à
cette époque en Tripolitaine, et quoi qu'on en
ait dit, ils n'appartenaient pas tous, bien loin de
là, à des tribus nomades habituées à changer de
lieu de campement. Il y avait parmi eux des
hommes considérables, de riches propriétaires.
Nous n'en donnerons pour preuve que ce fait
que dans plusieurs villes de l'intérieur, les ser-

vices administratifs de l'armée d'occupation ont
été installés dans des maisons abandonnées par
des dissidents, et ces maisons sont peut-être les
mieux construites et les plus confortables de ces
villes.

Pour augmenter leur influence dans le monde
musulman et chercher à concentrer à leur profit
le mouvement des différentes confréries, les
Snoussya ont tenté de les rallier autour d'eux.
Leur fondateur affirmait être affilié à quarante
congrégations chez les saints desquels il allait,
d'ailleurs, chercher des appuis pour ses théories
et ses doctrines.

Par cette manœuvre d'une incontestable habileté, les khouan d'une confrérie quelconque peuvent se faire affilier aux Snoussya, non-seulement sans renier aucune de leurs doctrines
particulières, mais encore sans même changer
leurs oraisons spéciales. Seuls les khouan appar-
tenant à des congrégations fermées, comme celle
des tidjanya peuvent échapper à cette absorption. C'est la principale raison qui fait protéger
les tidjanya par le gouvernement français.

Les snoussya peuvent se reconnaître à leur
attitude pendant la prière, ils se tiennent les
bras croisés sur la poitrine, le poignet gauche
pris entre le pouce et l'index de la main droite.

En outre, ils doivent porter leur chapelet et ne pas se le suspendre au cou.

Le dikr ou la récitation quotidienne, se compose de quatre formules religieuses dans le genre de celles dont nous avons donné le texte pour les autres confréries et qu'on répète soit quarante, soit cent fois de suite à de certains moments de la journée.

En outre, les prescriptions de l'ordre interdisent aux adeptes de danser, de chanter, de fumer, de priser et de prendre du café.

La puissance des Snoussya dépasse certainement l'idée que peuvent s'en faire les Européens. Sans contredit, l'autorité du Cheikh-el-Mahdi est plus grande aujourd'hui que celle du Sultan et se fait sentir depuis la Chine jusqu'à l'Atlantique et jusqu'au centre de l'Afrique. Les zaouia où s'enseigne sa doctrine se comptent par centaines, et plusieurs d'entre elles constituent des agglomérations importantes au milieu desquelles s'élèvent des monuments de premier ordre. La mosquée de Djer-Boub est déjà célèbre dans toute l'Afrique par le luxe des matériaux employés à sa construction.

C'est là que réside le Cheikh-el-Mahdi, c'est là qu'il reçoit des renseignements de tous les points du monde musulman et qu'il dirige le grand mouvement panislamique. Des courriers spéciaux montés sur des meharinhedjin, ces admirables chameaux du désert avec lesquels on peut faire chaque jour plus de cent kilomètres pendant une semaine sans les fatiguer, relient Djer-Boub à l'Egypte, à la Tripolitaine, à Benghasi, à l'intérieur de l'Afrique. Du Ouadaï, le Cheikh-el-Mahdi pourrait faire sortir en quelques semaines une armée dix fois plus forte et plus ardente que celle qui a écrasé les Anglais et les Egyptiens dans le Soudan, et on assure que ses zaouia renferment assez d'armes à tir rapide et de munitions pour en faire des troupes redoutables pour une puissance européenne quelconque.

Cheikh-el-Mahdi a un représentant à Paris. C'est un juif, ou tout au moins le représentant d'une maison juive. Il est tenu, par ce moyen, au courant de tous les mouvements de la politique française et européenne. Grâce à ce même agent, il fait acheter en Europe les objets dont il pense avoir besoin. Nous croyons savoir qu'en 1885, il a notamment fait faire l'emplette à Paris d'une superbe tente qui lui a été expédiée à Djer-Boub.

Si l'influence des Snoussya est considérable dans le monde musulman, elle est absolue dans la portion de l'Afrique septentrionale qui obéit ou est censée obéir au Sultan de Constantinople. En 1884 ou 1885, le gouvernement d'Yldyz-Kiosk sépara la Tripolitaine en deux gouvernements distincts, celui de la Tripolitaine et celui de la Cyrénaïque. C'est dans ce dernier que se trouve l'oasis de Djer-Boub, mais le véritable souverain n'est pas le Sultan, mais bien le Cheikh-el-Mahdi.

Le gouverneur turc de Benghasi, qui était en 1885 un fonctionnaire du nom de Hadji-Rachid-Pacha, était affilié aux snoussya et pratiquait dans la plus large mesure le précepte des khouan, « obéis à ton cheikh avant tout autre souverain. »

Tous les membres du Conseil administratif de Benghasi sont dans le même cas. Par un dernier reste de condescendance, la justice se rend encore à Benghasi au nom du Sultan de Constantinople, mais à quelques kilomètres de la ville, le nom du Sultan a disparu et les magistrats ne prononcent que d'après le Coran et la Sunna.

Il résulte de cette influence des Snoussya que la ferveur religieuse est poussée à Benghasi jusqu'à ce point, qu'à de certains moments la circulation y serait dangereuse pour les chrétiens. La France possède dans cette ville perdue au

milieu de l'Islam un vice-consul, M. Eugène
Ricard, un des hommes qui connaissent le mieux
l'Afrique et les musulmans. Quelle que soit
l'estime, bien justifiée du reste, dont il est l'objet
de la part des indigènes, sa qualité de chrétien
l'oblige parfois à rester de longues semaines sans
se montrer en public, pour ne pas risquer
d'amener une manifestation de la part de quelques-uns de ces croyants fanatisés revenant
d'un pèlerinage à la Petite-Mecque, et allant
porter les paroles du nouveau prophète aux
quatre coins du monde musulman.

Lorsque les Européens apprirent le soulèvement des musulmans du Soudan, il circula à ce
moment dans les journaux une foule d'histoires
qui ne prouvaient absolument que la fertilité de
l'imagination des écrivains qui les avaient inven-
tées.

En réalité, on ne sait pas encore au juste ce
qui a été la cause déterminante de ce mouvement, et les Anglais eux-mêmes qui n'ont pas
cependant ménagé l'argent pour se renseigner,
n'ont pu recueillir que des documents absolument contradictoires.

Nous n'avons pas la prétention d'en savoir
beaucoup plus long que les autres, aussi nous
bornerons-nous à raconter ce que nous savons.

Mohammed-Achmed, qu'on a appelé le Mahdi du Soudan, appartenait à la secte de Qaderya, à laquelle sont affiliées beaucoup de musulmans égyptiens et en particulier presque tous les mariniers du Nil. Après ses premiers succès dans le Fezzan, quelques marabouts du pays profitant de l'approche du moment désigné par les prophéties arabes pour l'apparition du Moul-el-Sâa (le maître de l'heure), qui doit venir rétablir l'empire musulman, cherchèrent à lui attribuer ce rôle providentiel.

Il est probable, bien que nous n'en ayons pas la preuve écrite et que nous soyons obligés en cela de nous contenter des renseignements oraux qui nous ont été fournis, que les chefs de certains ordres religieux musulmans, jaloux de l'influence toujours grandissante du Cheikh-el-Snoussi ne furent pas fâchés de voir se dresser devant lui, dans cette Afrique où il semblait régner en maître, un rival qui pourrait ruiner son influence.

Quoi qu'il en soit, les premiers succès de Mohammed Achmed ne furent pas vus d'un très bon œil par le grand conseil de Djer Boub. Les Snoussya se tinrent longtemps sur la réserve. Il y eut ensuite des pourparlers, des discussions et finalement sans le reconnaître pour le Mahdi et encore moins pour le *Moul el Sâa*, les snoussya voulurent bient concéder à Mohammed Achmed le titre de « Chérif du Soudan », mais sans vouloir aller au-delà.

Il faut croire que Mohammed Achmed fit sa soumission et consentit à cet arrangement, car en 1885 nous voyons les Snoussya beaucoup plus sympathiques au mouvement soudanien sans pourtant se prononcer d'une façon catégorique.

Cependant, en avril 1885, une sorte de concile (*hadra*) auquel assistaient des cheikh Qaderya, Snoussya, Chadelya et des membres influents d'autres confréries religieuses se réunirent à Siouth et y proclamèrent la déchéance du khédive d'Egypte.

On comprend l'émotion que la nouvelle de cette décision causa dans le gouvernement anglo-égyptien qui fit tout son possible pour empêcher qu'elle se répandît. Des troupes furent envoyées en toute hâte avec mission de s'emparer des cheikh, mais autant aurait valu saisir le sable, et quand on arriva, on ne trouva plus rien.

Dans ces conditions on peut s'expliquer comment la nouvelle de la mort de Mohammed Achmed n'a pas arrêté le mouvement de l'invasion de l'Egypte par les musulmans. Pour la plus grande partie d'entre eux Mohammed Achmed n'était pas le véritable Mahdi. Ceux qui ont persisté à croire à sa mission ont été détrompés en apprenant sa mort. « Il paraît bien que ce n'était pas le véritable Mahdi, puisqu'il n'a pas réussi. » Tel fut le raisonnement des musulmans et il n'en fut plus question.

Depuis ce moment il n'y a plus qu'un Mahdi, celui de Djer-Boub, et nous le répétons, sa puissance morale et matérielle est de celles avec lesquelles doivent compter les gouvernements européens. Il est bien certain qu'en ce moment le Cheikh Si-Snoussi ne songe pas à porter la guerre en Europe, mais toutes les nations qui sont en contact avec l'Islam doivent surveiller avec soin ce danger qui se lève dans les déserts de la Cyrénaïque.

Derrière les Snoussia en effet se trouvent deux cents millions d'hommes, deux cents millions de croyants qui au fond partagent toutes leurs doctrines sur l'interprétation stricte du Coran et en faveur de l'Imamat universel, c'est-à-dire du monde soumis à la théocratie musulmane.

CHAPITRE IV

LA POLITIQUE MUSULMANE

Comme ce travail est avant tout un résumé de faits et un recueil de renseignements sur des questions malheureusement trop peu connues, nous ne consacrerons que peu de place à ce qu'on appelle la politique.

La politique est une science d'action. On peut en apprécier et même en prévenir les conséquences, mais quand il faut se borner à entasser des suppositions sur des hypothèses on n'arrive à faire que des bavardages inutiles.

La politique musulmane, en Afrique comme partout, est absolument liée à la religion. Nous l'avons déjà dit et nous ne saurions trop le répéter ; mais à côté de cette politique de principe qui est au moins en apparence la seule que suivent les Snoussya, il en est une autre, celle du Sultan de Constantinople qui pour une foule de raisons s'inspire de motifs d'un ordre beaucoup moins abstrait.

Le Sultan d'après la loi musulmane est en effet soumis aux préceptes du Koran, mais sa situation vis-à-vis des gouvernements européens et le souci de sa situation en Europe lui créent des obligations qui le placent dans une position souvent difficile vis-à-vis des chefs des confréries qui ne voient, eux, que les intérêts de la religion et sont naturellement opposés à certaines concessions qu'ils considèrent comme de véritables fautes contre la foi.

Cette situation n'est pas sans causer de graves embarras au Padischah. D'autre part, le sultan Abd-ul-Hamid est un musulman convaincu et certainement ses idées religieuses ont dû le pousser souvent à considérer comme possible la réalisation de la politique panislamique, c'est-à-dire de l'Imamat universel qui en est à la fois le but et la suprême consécration.

En outre, comme nous l'avons dit, le Sultan Abd-ul-Hamid, « l'ombre de Dieu sur la terre, » est, paraît-il, affilié à un certain nombre d'ordres religieux dont il ne suffit pas de protéger les membres et de réciter le Dikr pour remplir consciencieusement tous les devoirs.

Il en résulte pour le malheureux souverain une situation embarrassante dont les contrecoups ont dû se faire fréquemment sentir dans la politique européenne, sans que les journaux qui apprécient, selon leur manière de voir, ses procédés d'action, aient pu se rendre compte d'une manière exacte des motifs qui avaient guidé ses déterminations.

Le gouvernement Ottoman et les Confréries L'influence grandissante des Snoussya n'a pas été sans causer de vives inquiétudes à la Porte ottomane Il est probable que ses agents ne furent pas étrangers aux difficultés que rencontra le premier Cheikh el Snoussi quand il alla développer ses idées à la Mecque. Il fut persécuté par les savants et les religieux investis d'un caractère officiel, et ce ne fut que par suite de ces persécutions qu'il vint établir le centre de son action dans l'Afrique septentrionale. Encore n'est-on pas bien sûr de l'exactitude de ces hypothèses bien que les faits semblent leur donner raison. Quand il s'agit de questions religieuses et politiques en Orient, il est bien difficile de formuler un jugement certain. Quoi qu'il en soit, la Porte et les Snoussya furent, ou parurent être, en demi-hostilité jusqu'au moment de l'occupation de Tunis par les Français.

A ce moment il s'opéra un rapprochement entre les deux puissances. Et à la suite de ce rapprochement, il est arrivé ce qui se présente toujours en pareille circonstance. Ceux qui soutenaient la politique de principes ont fini par l'emporter sur ceux qui ne préconisaient que la politique des résultats. L'influence du gouvernement ottoman a été absorbée par l'influence des Snoussya et ceux-ci ont vu doubler leur puissance dans l'Afrique septentrionale.

On se ferait difficilement une idée des intrigues qui se sont nouées et dénouées depuis cette époque. Il faudrait avoir été mêlé à toutes ces luttes sourdes pour pouvoir en faire le récit et ce récit serait pour ainsi dire un cours complet de politique orientale. Raconter les efforts du Cheikh Zoffar et de Si-Hamsa à Tripoli serait entreprendre une tâche qui dépasserait les bornes de ce récit. Qu'il nous suffise de dire que le gouvernement ottoman s'est trouvé depuis quelques années entraîné à soutenir les aspirations des Snoussya contre la marche envahissante des chrétiens. Il était d'abord leur allié, puis, par la complicité de ses fonctionnaires il est devenu leur instrument. Le Cheikh El Mahdi es-Snoussi est aujourd'hui plus obéi que le Commandeur des croyants dans toute l'Afrique.

Il y a eu même ces dernières années une tentative de soulèvement en Tripolitaine contre le gouvernement du sultan. Le fauteur de cette

Dans l'Afrique du nord

entreprise était un homme notoirement connu pour appartenir aux Snoussya. Il se nommait Moulaï Achmed. Il ne réussit pas dans son entreprise ; les Turcs s'emparèrent de lui et le fusillèrent, mais ils eurent bien soin de proclamer qu'ils ne l'exécutaient que comme « espion des Français » afin de ne pas exciter contre eux l'opinion publique.

Nous avons cherché à savoir si l'assassinat du colonnel Flatters et des Pères Blancs qui furent tués non loin de R'adamès étaient dus à l'influence des Snoussya. Les renseignements que nous avons pu recueillir à ce sujet sont contradictoires.

A Tunis on paraît croire à un simple attentat commis par ces incorrigibles pillards qu'on appelle les Touaregs Haggar qui dévalisent les caravanes sans s'inquiéter si elles sont conduites par des musulmans ou des infidèles.

Mais à Tripoli et à Benghazi, on n'a pas la même opinion, et si les assassins ont été des Touaregs, on pense que la tête qui a dirigé leurs bras se trouvait à Djer Boub. Les Snoussya feront toujours ce qu'ils pourront pour empêcher l'invasion des Européens dans l'intérieur de l'Afrique, et s'ils sont venus se placer presque sur la route que suivaient les commerçants de l'époque romaine pour arriver jusqu'au Niger,

c'est une preuve qu'ils connaissent le pays mieux
que nous et sont disposés à en défendre vigou-
reusement les approches.

En deux mots, la politique musulmane peut
se résumer. Qui dit politique dit religion ; et
comme nous avons fait jusqu'à présent nous
publierons l'opinion des hommes absolument au
courant de la question pour appuyer notre dire.

Les auteurs sont nombreux, nous nous bornerons à en citer deux : Le célèbre voyageur allemand Ghérard Rholfs et un prêtre catholique,
l'ancien curé de Laghouat. Tous deux ont vécu de
longues années au milieu des musulmans ; ils
ont été à même de les étudier dans toutes les
manifestations de leur existence.

Un résumé

Ecoutons ce que dit Ghérard Rholfs dans son
voyage au pays des Ksours, quand, sous le dégui-
sement d'un derviche il traversa la région du
Sahel qui s'étend du Maroc au sud de la Tripolitaine :

L'opinion de Ghérard Rholfs

J'estime que les Français ne sauraient assez se tenir
sur leurs gardes s'ils ne veulent pas passer par les épreu-
ves que les Anglais ont subies dans les Indes. Chez un
peuple comme les Arabes où tout, les mœurs et l'existence
elle-même, ont pour fondement la religion la plus intolé-
rante qui existe, la civilisation n'a pas de prise.

Que sont les Arabes après quarante ans d'occupation de
l'Algérie ? Ceux des villes ont contracté toutes les mau-
vaises habitudes des Français et le goût de l'absinthe,
mais que par contre ils aient accepté quoi que ce soit de
la religion ou des idées de leurs vainqueurs, il n'y faut pas
songer. Si l'on pénètre plus avant, on s'aperçoit que quelles que soient leur souplesse et leur docilité, ils ont conservé intérieurement toute leur haine, tout leur mépris à
l'égard des sectateurs des autres religions. Que l'on s'éloi-
gne de quelques lieues des villes, on constate que la civilisation n'a aucune prise sur eux. L'Arabe sous sa tente vit
comme il vivait jadis, il déteste les chrétiens comme par
le passé, s'il se retient de tuer un infidèle et de gagner
par là le paradis, c'est uniquement par crainte de la loi.
Les Français auraient dû se conduire comme les Anglo-
Saxons dans l'Amérique du Nord : refouler les Arabes.
Alors l'Algérie serait devenu un pays tranquille, exclusivement habité et cultivé par des Européens. On me trouvera
dur et barbare, peu d'accord avec les principes de la civilisation moderne, mais, c'est que lorsqu'on voit les choses
de loin, du fond de sa chambre, on les apprécie autrement que lorsqu'on les regarde de près. On aura beau faire,
il y a des peuples qui devront disparaître pour le plus
grand bien de l'espèce humaine.

On voit que M. Ghérard Rholfs a une manière à
lui d'entendre la colonisation. Malgré sa théorie
des disparitions nécessaires il n'en chercha pas
moins par ordre de son gouvernement à nous
susciter des difficultés avec les snoussya, mais,
comme nous l'avons dit plus haut, ses efforts res-
tèrent infructueux.

Voyons maintenant après l'opinion d'un pro-
testant allemand, serviteur du chancelier de fer
et adepte de la maxime germanique que la force
prime le droit, ce que dit un prêtre catholique,
l'ancien curé de Laghouat, qui pendant douze
ans de sa vie a vécu constamment au milieu des
indigènes.

Grands et petits, ils sont tous intéressés à notre ruine,
ils l'appellent de tous leurs vœux, et, sans cesse, d'une
manière patente ou cachée, ils y travaillent avec ardeur.

L'opinion d'un prêtre catholique.

Et le curé de Laghouat cite à ce propos, la
déclaration que faisait devant le 2ᵉ conseil de
guerre d'Alger, Mohammed ben Abdallah, l'un
des principaux fauteurs de l'insurrection de
1854 :

Il n'y a qu'un seul Dieu, ma vie est dans sa main et non
dans la vôtre ; je vais donc vous parler franchement. Tous
les jours vous voyez des musulmans venir vous dire qu'ils
vous aiment et sont vos serviteurs fidèles ; ne les croyez
pas ; ils vous mentent, par peur ou par intérêt. Quand vous
donneriez à chaque Arabe et chaque jour l'une de ces
petites brochettes qu'ils aiment tant, faite avec votre
propre chair, ils ne vous en détesteraient pas moins et
toutes les fois qu'il viendra un Chérif qu'ils croiront capa-
ble de vous vaincre, ils le suivront tous, fût-ce pour vous
attaquer dans Alger.

Et ce que disait Mohammed ben Abdallah en
1854 était vrai en 1864, en 1871 et peut-être

verrons-nous quelque jour que ce qu'il dit des musulmans est encore aussi vrai que ce que ce pouvait l'être à l'époque où il parlait.

Quant à la frayeur que peuvent inspirer aux Arabes, nos armes, notre discipline, notre force militaire, il ne faudrait pas trop penser que ce fût suffisant pour l'arrêter. Pour eux, le succès ne dépend pas des gros bataillons et comme le disait ce même Mohammed ben Abdallah qui ne faisait d'ailleurs que répéter ce que lui avait appris le Koran.

La victoire vient de Dieu, il sait quand il le veut faire triompher le faible et abattre le fort.

Un peu plus loin le brave curé de Laghouat qui avoue d'ailleurs qu'il n'y a rien à répondre à des théories comme celle que nous venons de citer examine les causes de cette haine persistante des musulmans contre les chrétiens.

L'hostilité des indigènes puise ses motifs dans le fanatisme de leur foi.

Les indigènes, on ne l'a pas assez remarqué et c'est là cependant le point capital de la question, les indigènes ne sont point des adversaires ordinaires; ils combattent encore plus pour leur religion que pour leurs foyers et voilà pourquoi la guerre qu'ils nous font revêt un caractère d'acharnement et de férocité digne des sauvages. En outre ils sont fatalistes et voilà pourquoi ils pourront encore à certains moments subir passivement le fardeau de notre

autorité et de notre présence et pourquoi en d'autres moments ils s'efforceront de se débarrasser de ce fardeau et
de nous chasser.

Il résulte donc de l'opinion des deux auteurs
que nous venons de citer que toutes les tentatives de conciliation entre les Français et les musulmans n'ont abouti à rien. La politique musulmane n'étant autre chose que l'application des
principes du Koran, n'a pas varié depuis la conquête et ne variera pas davantage dans l'avenir.
Il ne s'agit pas de savoir quelle est la puissance
militaire du sultan de Constantinople ou de celui
du Maroc, il s'agit de toujours se tenir prêt, car
le danger est toujours là. Ce qui s'est passé au
Soudan pour les Anglais doit nous servir de
leçon.

Ce ne sont pas les Sultans qui mènent le monde
musulman. Si-Cheikh-el-Mahdi, dans son oasis
de Djer-Boub; le cheikh des Qaderya, dans sa
zaouia de Bagdad, et bien d'autres chefs religieux, ont une influence bien plus considérable
que celle du puissant Padischah. Le Sultan actuel
l'a si bien compris, que lui qui est un croyant
fervent et que hantent aussi les rêves de l'Imamat universel, n'a pas hésité à faire cause commune avec les confréries religieuses. On verra
quelque jour les conséquences de ce simple fait.

Quant à nous autres Français, il nous faut prendre un parti. Il faut ou rejeter les Arabes dans le désert, ou chercher à les assimiler. Si le premier de ces procédés est difficile dans la pratique et inhumain dans le principe, le second est actuellement impossible.

Nous disons, actuellement impossible, parce que nous avons prouvé que les Arabes étaient un peuple essentiellement religieux. Or, il n'y a qu'un peuple religieux qui puisse en assimiler un autre qui ne l'est pas moins. C'est un résultat qu'on ne peut espérer atteindre qu'à force de dévoûment, de charité, d'amour du prochain, de véritable piété.

La France est actuellement trop laïque pour entreprendre cette tâche. Sur ce point, personne ne nous contredira.

Les choses resteront donc dans l'état où elles se trouvent, jusqu'au jour où quelque coup de tonnerre nous apprendra que les peuples de foi peuvent subir un joug, mais qu'ils ne se soumettent jamais.

CHAPITRE V

MONSEIGNEUR LAVIGERIE. — LES PÈRES BLANCS. — L'ESCLAVAGE. — LES TOUAREGS. — LES ORPHE- LINS DE L'ARCHEVÊQUE.

Parler de l'Afrique septentrionale à la fin du XIXᵉ siècle sans parler de Mgr Lavigerie, serait montrer qu'on ne connaît pas la question. L'ar- chevêque de Carthage et d'Alger est un homme d'une telle valeur, qu'il a su s'attirer non-seule- ment la vénération des catholiques, non-seule- ment le profond respect des musulmans, mais la considération des républicains français et des colons algériens.

Ce que nous avons dit au sujet de ces derniers nous permet de présenter ce résultat comme absolument remarquable.

Se considérant comme le représentant du christianisme dans l'Afrique septentrionale,

le cardinal Lavigerie a étudié les conditions de
la lutte engagée, et avec sa haute intelligence
et aussi avec les renseignements précis et com-
plets que pouvaient lui donner les missionnaires,
il a promptement compris que, comme nous le
disions plus haut, il n'y avait que deux moyens
pour la France chrétienne de se maintenir en
Afrique, c'était le refoulement des musulmans
ou l'assimilation des populations.

Seulement, sachant très bien que l'assimilation était chose difficile, sinon impossible dans
les territoires colonisés où la comparaison qu'ils
pouvaient faire d'eux-mêmes avec les européens,
n'engagerait guère les indigènes à se convertir,
l'éminent prélat a voulu tenter l'assimilation des
peuplades de l'intérieur, de ces noirs parmi lesquels les musulmans font depuis cinquante ans
une propagande religieuse à outrance, propagande qui, nous devons le reconnaître, leur a
donné jusqu'à présent des résultats vraiment
extraordinaires.

Pour arriver à son but, le cardinal Lavigerie
a pensé qu'il fallait combiner la prédication,
c'est-à-dire la propagande par la parole et par
l'exemple des préceptes de l'Evangile avec la
propagande pour ainsi dire matérielle, c'est-à-
dire la diffusion des bienfaits de la morale et de
la science pratique dirigée par l'esprit chrétien.

Il a donc employé deux sortes d'auxiliaires,
les Pères Blancs et les jeunes nègres rachetés
de l'esclavage et qu'il se charge de faire instruire selon leurs aptitudes et le degré de leur
intelligence.

Les Pères Blancs, ainsi nommés à cause de la
couleur de leur costume, couleur qui n'a point
d'ailleurs été choisie sans dessein, sont des missionnaires qui se consacrent particulièrement à
l'apostolat dans l'intérieur de l'Afrique.

Leur centre est à Saint-Louis-des-Français,
auprès du tombeau du roi de France qui suc-
comba devant Tunis. Une grande construction
élevée au milieu de ce qui reste des ruines des
cités qui recouvrent le sol où fut Carthage,
s'élève en face de la mer et à une faible distance
de La Marsa, où est installé le cardinal Lavigerie.

Dans cette retraite, les Pères prient et étu-
dient. Quand ils se sentent assez fortifiés par la
prière et quand ils sont suffisamment instruits
des divers idiomes, suffisamment au courant des
mœurs et des coutumes des peuples qu'ils doivent visiter, ils partent le bâton à la main
comme les derviches musulmans et vont prêcher
la parole du Christ, bien loin, dans le sud, au
milieu de ces peuples aux noms barbares, aux
mœurs plus barbares encore, et qu'ils connais-

sent déjà aussi bien, souvent mieux, que les explorateurs officiels envoyés par les gouvernements européens.

Leur mission est périlleuse, car ils n'ont pas à lutter seulement avec les difficultés matérielles. Les dangers du désert, les privations, les maladies, les bêtes féroces ne sont rien à côté de la haine que les musulmans et particulièrement les Snoussya portent à eux et à leur œuvre.

Actuellement le danger pour eux est bien moindre de circuler parmi les Niams-Niams ou les Momboutton, que l'on assure pourtant être anthropophages, que de traverser cette partie de l'Afrique qui sépare les plateaux intérieurs de la côte.

C'est que les Snoussya qui sont les chefs indiscutés de l'Islam en Afrique savent bien que les Pères Blancs sont plus dangereux pour eux que le gouvernement français qui les surveille en Algérie et en Tunisie, que le gouvernement anglais qui les traque en Egypte, et que le gouvernement italien qui convoite les ports de la Tripolitaine.

Ils savent parfaitement que ces hommes vêtus de blanc et coiffés de la checchia tunisienne leur enlèvent plus d'adhérents que la force parmi les populations qui ne sont pas encore soumises à leur empire.

Pour les peuplades africaines adonnées à l'islamisme, il n'y a pour ainsi dire pas de conversions à espérer. Ce n'est que sur les idolâtres
que l'influence chrétienne peut sérieusement
espérer réussir.

Aussi, depuis quelques années, les Snoussya
font-ils tout ce qu'ils peuvent pour entraver
l'œuvre des Pères Blancs. Ils ont excité contre
eux les Touaregs Haggar qui ont tué les Pères,
assassinés près de R'adamès. On connaît les
meurtriers, on sait dans quelle partie du désert
ils se sont réfugiés ; on pourra quelque jour
aller les prendre et les punir ; mais qui pourra
jamais prouver que ces misérables coupeurs de
routes n'étaient que les instruments d'une haine
religieuse ? C'est ce qu'aucun tribunal régulier
ne saurait établir, et cependant, soit à Tripoli,
soit à Benghasi, on ne saurait douter que la
main des Snoussya ne fût dans cet attentat
comme dans celui dirigé contre le colonel Flatters et ses compagnons.

Les Snoussya veulent garder l'Afrique à
l'Islam et ils en défendront l'accès par tous les
moyens en leur pouvoir. En luttant contre leur
influence, le cardinaal Lavigerie ne fait pas seulement œuvre chrétienne, il agit encore en digne
et bon Français.

Mais, comme nous l'avons dit, l'archevêque de

Carthage et d'Alger ne compte pas seulement sur ses saints missionnaires pour aller porter au loin les bienfaits du christianisme et de la civilisation. Il a entrepris une œuvre qui donnera certainement des résultats.

es Touaregs et
ours incursions

Le commerce des esclaves s'exerce, comme chacun sait, dans tout l'intérieur de l'Afrique. Les Touaregs du nord sont depuis nombre d'années les pourvoyeurs des marchés du Maroc et de la Tripolitaine. De là, les cargaisons humaines passent en Egypte, en Asie Mineure et en Arabie.

Ces Touaregs sont des hommes d'une audace incroyable. Ils ne se contentent pas d'écumer le désert au sud de l'Algérie et de la Tunisie ; ils poussent encore des pointes dans l'intérieur, à des distances qu'on a peine à se figurer.

Ainsi, non seulement ils vont jusqu'à Tombouctou, mais encore bien plus loin dans le sud-ouest et jusque dans le pays des Bambaras.

Nous pouvons certifier ce fait qui paraîtra peu croyable, ayant vu à la Marsa un jeune esclave noir, récemment racheté par les Pères et qu'à son langage on avait reconnu comme ayant été captivé à plus de 500 kilomètres au sud de Tombouctou.

C'est montés sur leurs infatigables hedjins (dromadaires), que les Touaregs font ces incursions. Quand ils arrivent aux environs d'un village nègre, ils se cachent jusqu'à la nuit, puis, entourant les habitations, ils les envahissent de tous côtés, tuent ce qui résiste, pillent les cabanes, attachent les femmes, les enfants et les hommes qui se rendent, puis mettant le feu aux misérables huttes de leurs victimes, ils repartent ensuite, cherchant à recommencer un peu plus loin, jusqu'à ce qu'ils aient ainsi récolté une caravane assez considérable pour pouvoir la ramener avec profit jusqu'aux marchés d'esclaves.

Les malheureux captifs sont obligés de faire la route à pied ; leurs conducteurs les nourrissent cependant, car tout prisonnier qui meurt est une perte pour eux; ils n'en arrivent pas moins décimés, et les routes que suivent les pillards peuvent se reconnaître aux ossements humains qui en marquent la trace.

Chose curieuse, une fois achetés par les musulmans, si ces esclaves si brutalement arrachés à leur pays, embrassent la religion du Prophète, ils sont aussitôt traités avec douceur, souvent même avec affection, ils finissent par faire presque partie de la famille. Certainement le sort des esclaves des musulmans n'a jamais pu être comparé à celui des malheureux nègres qui travaillaient sous le fouet des planteurs, aux Etats-Unis, aux Antilles et au Brésil.

Mais laissons ce sujet qui nous entraînerait trop loin et revenons à nos malheureux nègres. Suivant les ressources que le cardinal Lavigerie obtient de la charité publique, car le gouvernement de la République française se garderait bien de l'aider dans sa tâche, il fait racheter par les Pères Blancs ouleurs amis ce qu'il peut de ces pauvres enfants. On les envoie à Tunis, et là, ils sont d'abord soignés, remis sur pied, et on leur donne les premiers éléments de l'instruction.

Puis, selon leurs dispositions et leurs aptitudes, le cardinal fait un triage. Il prend les moins intelligents pour les travaux agricoles et l'élite est envoyée à l'université de Malte où, autant que possible, on pousse ces jeunes gens à l'étude de la médecine. Pendant la durée de leurs travaux scientifiques, on achève leur instruction religieuse pour en faire non pas des missionnaires, mais seulement des chrétiens convaincus.

Quand ces nègres auxquels on a soigneusement conservé l'habitude de leur langue maternelle ont fini leurs études et conquis leurs diplômes, le cardinal les renvoie dans leur pays, y exercer leur art, venir en aide à ceux qui souffrent et donner des soins au corps en même temps que de bons exemples aux esprits. Il est

bien certain que pour ces populations primitives
cette propogande purement morale s'appuyant
sur des services évidents préparera la route aux
missionnaires et permettra de lutter contre l'en-
vahissement musulman. Voilà l'œuvre colonisa-
trice de Mgr Lavigerie. Nous n'entrerons pas dans
le détail de ses autres œuvres religieuses parce
que l'énumération de ce qu'il a fait nous entraînerait trop loin; mais nous le demandons à tout
esprit impartial, croit-on que ce grand archevêque que nous avons entendu qualifier de grand
Français par des juifs de Tunis, ne fait pas plus
pour son pays que le gouvernement actuel et
même que ceux qui l'ont précédé ?

CONCLUSION

Mettre des conclusions à un recueil de notes de voyage, d'impressions personnelles et de renseignements peut paraître une prétention.

C'est cependant parce que les lignes qui précèdent ne sont pas autre chose que ce que nous venons de dire qu'elles ont besoin, croyons-nous, d'être résumées en quelques mots.

Nous avons dit ce que nous avions vu et appris en Tunisie. Nous avons pu y voir et y apprendre parce que personne n'avait intérêt à nous cacher la vérité. Reçu partout et par tous avec une affabilité à laquelle nous sommes heureux de rendre hommage, nous n'avons accepté comme vrai que ce qui nous était affirmé par trois personnes sérieuses à même d'être bien renseignées.

Si nous avions voulu raconter tout ce qui se dit là-bas, notre travail eût été infiniment plus pittoresque, mais personne n'eût voulu nous croire. Il vaut mieux pouvoir affirmer que ce que l'on dit est la simple vérité.

La Tunisie est un pays qui peut devenir très riche et très prospère. Il lui suffira pour cela de posséder une bonne administration.

Le Protectorat doit être maintenu pour les raisons que nous avons exposées et aussi parce que ce ne serait pas favoriser l'essor de la Tunisie que de lui donner le régime grâce auquel l'Algérie ne marche qu'à pas de tortue dans la voie de la prospérité alors qu'elle devait y filer à toute vapeur aussi vite, sinon plus, que les colonies australiennes et les Etats du Far-West américain.

En ce qui concerne la lutte entre le Christianisme et l'Islam dans l'Afrique septentrionale, c'est-à-dire entre la France et les musulmans, car quoi que fassent les gouvernements de notre pays, ils n'empêcheront jamais la France d'être le premier soldat du christianisme, nous considérons la situation comme très sérieuse. L'influence toujours croissante des Snoussya, les triomphes des musulmans du Soudan amèneront dans un temps peut-être prochain une guerre dans le nord de l'Afrique.

Le jour où cette guerre se déclarera nous aurons contre nous tous les musulmans sans exception ou à peu près, car nous n'en avons pas converti un à nos idées depuis 1830. Ce qui se passe en Egypte doit nous faire réfléchir et nous empêcher de traiter nos adversaires comme des ennemis sans valeur.

Les confréries musulmanes sont un danger pour nous, un danger tel qu'il faut si nous voulons avoir la paix supprimer toutes les zaouia des congrégations et en interdire la réouverture.

L'occupation complète de la Tunisie et de l'Algérie doit s'étendre jusqu'à l'extrême sud. Il faut aller jusqu'au bout, l'annoncer d'avance et l'exécuter sans hésiter à mesure que les occasions se présenteront.

Il ne faut à aucun prix recommencer les erreurs de la politique que nous avons suivie jusqu'à ce jour. On ignore généralement en France qu'en faisant l'expédition d'Alger le gouvernement de la Restauration n'avait pas du tout l'intention de créer une colonie française de l'autre côté de la Méditerranée.

C'est le 5 juillet 1830 que nos troupes entrèrent à Alger et si nous nous en rapportons à un historien de talent dont les sympathies pour le gouvernement de Charles X ne sont pas discutables, M. Alfred Nettement, ce ne fut que le 20 juillet suivant que le gouvernement français prit la résolution définitive de conserver Alger (1).

Ce n'est que peu à peu, par suite des hasards de la guerre, que nous nous sommes avancés dans les terres et sur le littoral ; l'empereur Napoléon III lui-même ne se prononçait-il pas en 1866 pour l'occupation restreinte !

Or l'occupation restreinte est une erreur et une impossibilité. Si la France veut rester en Algérie et en Tunisie elle doit le déclarer haut et ferme et pousser ses frontières jusqu'au Soudan.

Si elle ne le fait pas maintenant elle sera forcée de le faire demain. Si elle voulait ne pas le faire demain, autant vaudrait évacuer le pays tout de suite.

Pour les musulmans, nous l'avons dit, il faut les éliminer ou les assimiler. Nous avons exposé les motifs pour lesquels l'assimilation était impossible avant des changements dans la mère-patrie dont il n'est pas possible de prévoir la date. L'élimination n'est guère plus

(1) *Histoire de la conquête d'Alger*, par Alfred Nettement

praticable, nous devons donc nous contenter de supprimer toutes les zaouia des confréries religieuses et n'admettre que le clergé régulier pour le service des cultes. Nous aurons ainsi paré au plus pressant besoin.

Pour l'avenir, il n'y a qu'à laisser faire le cardinal Lavigerie, ses Pères Blancs et ses missionnaires laïques nègres. Ils font plus de besogne que de gros bataillons, et l'avenir prouvera qu'on conquiert plus vite et plus solidement en prêchant la paix et la charité qu'avec les canons et les fusils perfectionnés.

En attendant, que Dieu protège la France d'Europe et la France d'Afrique, car les deux pauvres sœurs ont plus que jamais besoin de son aide.

TABLE DES MATIÈRES

~~~~~~~~~~~

PREMIÈRE PARTIE

CHAPITRE PREMIER

CHAPITRE II

DEUXIÈME PARTIE

—

LE CHRISTIANISME ET L'ISLAM DANS L'AFRIQUE SEPTENTRIONALE

—

CHAPITRE IV

CHAPITRE V

CONCLUSION

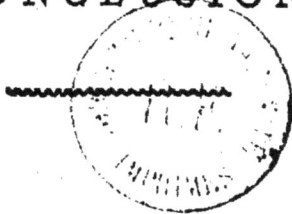

www.ingramcontent.com/pod-product-compliance
Lightning Source LLC
Chambersburg PA
CBHW072022080426
42733CB00010B/1792